JN408879

외숙모의 누룽지

고려대학교 평생교육원 수필창작과정 엔솔로지
여울의 20번째 이야기

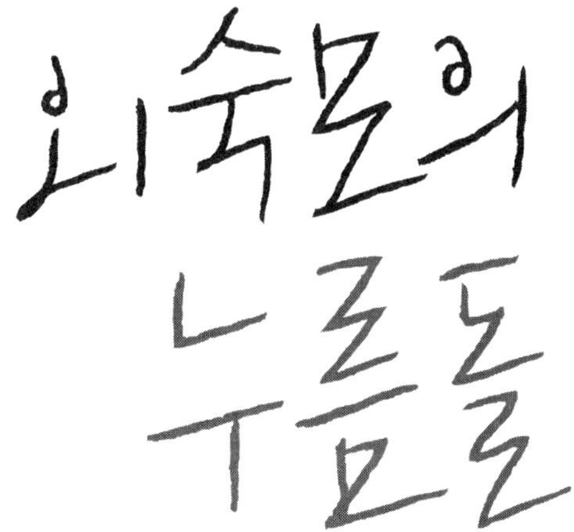

외숙모의 누름돌

장영교 · 신수희 外

여울문학회

축사

20호 발간을 축하드리며

이 관 규

고려대학교 평생교육원 원장

유구한 역사 속에 20년쯤은 한 점에 불과할 수도 있겠지만 결코 짧지 않은 세월이다. 예전에도 10년이면 강산이 변하다고 하는데 요즘처럼 변화무쌍한 시대에는 그야말로 강산이 몇 번 바뀌었는지 가늠하기도 힘들 정도이다.

우리나라가 대학에서 평생교육을 본격적으로 시작한 것이 불과 20년 남짓한데 그 가운데서도 일찍 시작한 편이라 할 우리 고려대학교의 경우, 개원할 때부터 중요한 과정으로 시작된 문예분야 과정 중 수필창작과정이 꾸준히 발전해 와서 오늘 그 동인지 여울이 20호를 출간하는 큰 경사를 맞게 되었다.

수필은 자신의 체험을 바탕으로 해서 깊은 인생의 관조가 녹아 있는 문학작품이기에 쉽게 접근하기도 어렵고 그 작업을 오래 이어 가기는 더욱 힘든 일이라고 생각한다. 그런 일을 한 해도 거르지 않고 20년 동안 이어온 여러분들에게 깊은 존경을 담아 축하의 인사를 드린다.

한 학기씩의 수강을 마치고 그 결과물의 성격으로 펴내는 습작집의 수준이 아니라 어엿한 문단의 동인지로서 자리매김한지 오래인 여울은 그 역사만큼 필진의 구성이 탄탄하다. 처음 시작한 선배들로

부터 금번 새 학기를 맞은 신입회원까지를 망라하고 있는 필진의 구성이 우선 괄목할 만한 일이라고 생각한다.

이미 문단의 중견작가 위치에 오른 선배들의 지속적인 참여가 여울지의 가치를 여러모로 높여주고 있는 것이다. 게다가 한두 학기 글쓰기의 방법 정도만 터득하고 다되었다는 듯 떠나가는 것이 아니라 이제 여울 동인들은 그야말로 평생교육의 묘미를 알고 계속 교실에 모여 글을 다듬고 연마하기에 여념이 없다.

평생교육의 진수를 알고 누리는 여울의 작가들에게 평생교육원장으로서 뜨거운 환영의 박수를 보내는 바이다. 120년을 바라보는 고려대학교의 역사에 비하면 매우 일천한 사반세기 정도의 나이테만 그리고 있는 평생교육원이지만 민족의 혼을 불러 깨운 고려대학교의 역사처럼 평생교육원의 수필창작과정이 이 나라 문단의 어느 한 구석을 흔들어 깨우는 귀한 역사가 꼭 쓰여질 수 있으리라는 큰 포부를 가져본다.

30집을 향해 가는 큰 발걸음이 더욱 활기차게 되기를 기원하면서 창간부터 20호까지 줄곧 함께 해 오신 오경자 선생님과 전 회원 여러분의 문운과 건강을 빌며 거듭 축하의 인사를 드리는 바이다.

발간사

가슴 벅찬 감동으로

고려대학교 평생교육원이라는 요람에서 글을 쓰기 시작하고 문단의 일원이 되어 좋은 수필을 세상에 내놓으며 독자들의 입가에 미소를 짓게 한지 어언 스무 해가 되었다니 감동이라는 말밖에 떠오르지 않는다.

백세시대를 맞아 정년을 하거나 은퇴를 하고 난 후의 여생이 새로운 의미로 다가온 요즘 글을 쓰기 시작했다는 것은 진정 축복받은 일이라 아니할 수 없다. 자신의 생각을 한편의 문학작품으로 승화시켜서 세상에 내놓고 독자들의 가슴에 잔잔한 감동과 공감을 불러일으키는 일은 생각할수록 신나는 일이다.

자신의 체험을 바탕으로 해서 쓰는 수필이라는 글은 회상을 빼고는 쓰기 힘들 정도라 해도 과언이 아니다. 옛일을 돌아보고 반추하며 깊은 관조를 통해 자신이 하고 싶은 말을, 꼭 전하고 싶은 의중을 불특정 다수의 독자들에게 던지는 것이 수필이다.

어렵던 시절을 극복하고 부강한 나라를 만든 주역들인 오늘의 은퇴세대는 회상이 즐거울 수밖에 없고 바로 인간승리의 산 기록이다. 이런 성공담을 자랑하는 수준을 넘어 감동적인 회고를 통해 내일을 더욱 성공적으로 살 수 있는 지혜의 메시지로 전하는 일은 여간 어려운 일이 아니다.

이번 20호 특집은 그 연륜만큼 성숙된 자기 성찰을 담은 수작이 많다. 자신의 성취를 회고에서 출발하여 담담히 그려내면서 수필의

본령을 잘 지킨 작품들은 독자의 심금을 울려 줄 것이다.

이미 문단의 중견이 된 선배들로부터 이제 첫발을 내디딘 풋풋한 새내기 작가들에 이르기 까지 알찬 작품들로 독자에게 다가가는 이번 20호는 스무 살 나이에 걸맞은 수준의 책이라는 평을 받을 수 있으면 좋겠다.

강산이 두 번 바뀌는 시간이 헛되지 않아 오늘의 결실이 있다고 생각하며 그동안 꾸준히 함께 해준 우리 자신들이 고맙고 대견하다. 이제 잠깐 배우고 떠나는 곳이 아니라 명실상부한 평생교육의 장으로 우리 작가들이 계속 정진할 수 있는 지속적인 수련장이 된 수필교실을 사랑한다.

더 알찬 30호를 향해 좋은 후배들이 모여들기 바라며 문단에 나간 선배들이 장족의 발전을 이어가기 바란다.

각계에서 활동한 작가들의 경륜이 묻어난 작품들은 올바른 정보와 지식을 전달하기도 하고 시사적인 글감들을 솜씨 있게 다루면서 우국충정을 요란스럽지 않게 잘 담아내고 있는 작품들을 포함하여 다양한 글감들이 다루어져 있다. 사진작가의 오지 여행을 담은 기행 수필은 주목할 만하고 민감한 시사적 글감을 수필로 승화시킨 작품들이 전하는 감동은 깊은 울림을 준다.

이번에도 끊임없이 발간을 위해 원고수집과 정리 등을 마다하지 않고 맡아준 유경희 회원의 노고에 감사드리고 염가로 출판해준 문학공원 출판사에도 고마운 인사를 드린다. 고려대학교 평생교육원의 무궁한 발전과 우리 회원들의 문운 창달을 기원한다.

2019. 2. 15.

차 례

초대수필

1부 혼자만의 약속

2부 꽃길만 걷자

3부 感氣가 가르쳐준 것들

초대수필

오경자(지도교수)

초대
수필

그리움

오 경 자

사람의 기억 속에 그리움으로 남아있는 것들은 어떤 것일까? 잘라 말하기 어렵겠지만 분명한 것은 싫지 않은 기억으로, 잊고 싶지 않은 마음 속 사진일 것 같다. 고령화 시대에 희수가 무슨 벼슬일 것도 없는데 아이들이 신경을 쓰고 어미를 어떻게 기쁘게 해줄까 얘기들을 많이 한 모양이다.

입시문제로 정신이 없을 손자가 축하한다는 달랑 한 줄이 아닌 꽤 정성스런 글을 담은 카드를 주고 갔다. “어렸을 때 할머니가 해 주신 저녁 메뉴 중에 명란젓과 스팸은 그리운 맛으로 제 마음 속에 남아 있어요.” 앞으로 좋은 소식으로 기쁘게 해드리겠다는 덕담으로 마치고는 낙엽이 남아있는 산을 바라보며 손자가 썼노라고 끝을 맺었다.

“어머나, 얘 좀 봐라!”

낙엽이 남아 있는 산을 바라본다는 표현이 신기해 입을 헤벌쭉 벌린 채 한동안 말을 잊은 할미는 손자바보임에 틀림이 없다. 아이를 줄곧 돌보는 안사돈의 노고를 좀 덜어드리려고 일주일에 한 이틀 정도를 우리가 당번이 되기로 했는데 그런 날도 일이 있으면 남편에게 아이를 맡겨 놓고 저녁시간에 허둥대며 들어가 저녁상을 차리곤 했다.

그럴 때면 식재료의 손질에서부터 시작하는 정성스런 요리(?)는 엄두를 내기 힘든 터라 부드러운 명란과 스팸 등을 자주 해주었던 모양이다. 명란은 할아버지 반찬으로 가늘게 썬 파채에 참기름 한 방울 떨어뜨려 간단히 상에 올렸더니 아이가 자꾸 달라 해서 먹여 본 것이 시초였다. 스팸은 꺼내서 살짝 굽기만 하면 되니 역시 간편하고 맛과 영양이 모두 괜찮아 먹였다고 기억된다. 그러다가 명란을 익혀서 아이에게 자주 주었던 모양이다.

오히려 미안한 일일 수 있는데 잊고 있던 일을 아이는 그리운 맛으로 마음속에 담고 있다니 기막힌 일이 아닐 수 없다. 이제 저 아이에게 훗날 그리움으로 꺼내 볼 무엇을 저 푸른 가슴 속에 심어 줄 수 있을까? 그저 저를 바라보며 헤벌쭉 웃을 줄 밖에 모르는 이 할미의 고민은 깊어만 간다.

2018. 6. 20.

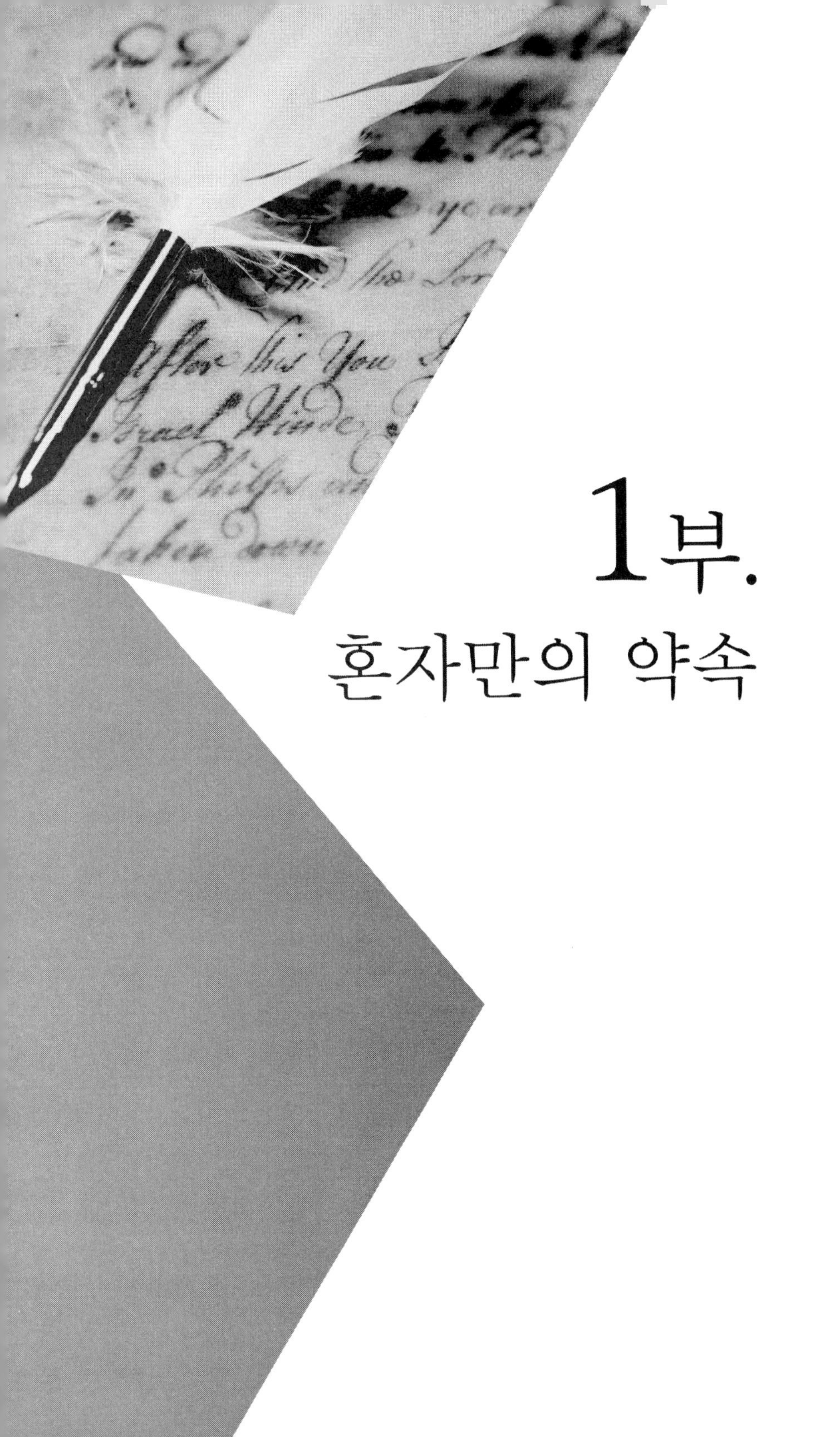

1부. 혼자만의 약속

숙명 외 1편

양 태 석

며칠 전 어느 화랑에서 이방자 여사의 포도그림을 보고 감회가 깊었다. 옛 사람들은 포도그림을 집에 걸어두면 자손이 번창 한다고 생각해서 가정마다 선호하는 그림으로 알려져 있다. 포도가 한 꼭지에 많은 열매가 달리기 때문에 자손융창을 기원하는 부적이나 같이 생각한 것이다. 그래서 예전에는 포도전문화가가 있었다.

이방자 여사는 일본사람이지만 정략결혼을 하게 된 상대는 우리 조선왕조의 마지막 왕세자인 영친왕 이은이었다. 비록 정략결혼을 했으나 두 사람은 상당히 사이가 좋았고 나름대로 행복하게 살았다고 한다. 그러나 일본의 패망으로 우리나라는 해방이 되어 일본 귀족의 특권을 박탈당하고 영친왕은 귀국하기를 원했으나 이승만의 견제 때문에 여권조차 받지 못했다고 한다.

박정희가 집권하자 영친왕은 식물인간 상태로 이방자 여사와 함께 돌아왔으나 얼마 못가서 세상을 떠나니 너무나 비참한 마지막 왕세자의 죽음에 많은 사람들은 애통해했다.

이때 박정희 정권은 황실에서 설립한 교육기관인 숙명학원을 넘겨주었으나 숙명여대 기본재단에서 들고 일어나 이방자 여사를 쪽바리라고 몰아내고 말았다. 이방자 여사는 일본태생이고 한국왕실에 시집을 온 한국 사람이지만 한국 사람은 야박했다. 그 후에 이방자 여사는 장애인 돕기를 실천하며 살았다.

포도그림은 월전 장우성 선생을 사사하고 그린 그림이다. 포도 외에도 여러 가지 종류의 그림을 그렸고 지금도 시중에 많은 그림이 나돌고 있다.

"인생은 짧고 예술은 길다"라는 말이 실감난다. 이방자 여사는 가고 없으나 그의 작품은 남아 세인들의 이목을 끌고 있는 것이다.

이방자 여사는 그림 외에도 칠보공예를 하면서 여생을 보내고 어려운 사람을 도우는 일에 헌신하고 살아온 불운의 황태자비였다.

이방자 여사는 글씨도 많이 썼다. 길상문(吉祥文)자를 써서 많은 사람들의 교화를 하였다. 글씨나 그림을 보면 그 사람의 성품을 알 수 있다. 이방자 영사의 작품을 살펴보면 온화하고 정겨운 그림이 많다.

아들 황태손 이구 씨는 미국유학을 하는 중 8살 위의 미국 여성 줄리아를 사랑해서 결혼하고 입국했으나 시어머니와 같이 외국인이라는 눈총을 받으며 상당한 어려움이 있었다.

아이를 낳지 못해서 종친들 사이에 대우를 받지 못하고 1982년 25년의 결혼을 청산하고 이혼 후 줄리아는 한국을 떠나지 못하고 그는 플라자호텔에서 공예점을 열고 장애인을 돕는 일을 했다. 1995년에 미국으로 돌아가고 이구 씨는 2005년에 세상을 떠나니 우리나라 대한제국의 황태손은 역사 속으로 사라졌다.

나라의 운명이나 개인의 운명도 사람의 마음대로 되는 것이 아니고 숙명적이라는 생각이 든다.

그림을 만나는 기쁨

양 태 석

좋은 그림을 만나면 황홀한 기쁨을 느끼게 된다. 그림에서 뿜어내는 미기(美氣)와 자기의 내면에 흐르는 미감이 일치할 때는 감흥을 일으킬 뿐 아니라 때로는 환상의 세계로 빠져들게 될 때가 있다. 신나는 음악을 들으면 자기도 모르는 사이에 흥이 나고 기분이 좋은 것과 같은 이치다. 그림을 감상할 때 그 사람의 인격과 수준에 따라 전달되는 미흥(美興)이 다르게 나타날 수 있다. 따라서 성장과정이 그림을 접할 수 있는 기회가 많을수록 그림을 이해하는 수준이 높을 수 있는 것이다. 그러나 선천적으로 미감이 풍부한 사람도 있다. 그래서 같은 그림이라도 아름다움을 느끼는 정도가 사람에 따라 다르고 감상자의 감흥도 차이가 있는 것이다. 고서화를 즐기는 사람이나 현대화를 감상하는 사람이 계층과 세대에 따라서 큰 차이가 있는 것은 당연한 일이라 하겠다.

현대화를 크게 보면 동양화와 서양화가 있으며 구상과 비구상으로 구분된다. 노인계층은 동양화와 구상 계통을 좋아하고 젊은 계층은 서양화나 비구상을 선호하는 경향이 크다. 보통 사람들은 고화나 동양화에 매력을 느끼는 편이며 서양화 교육을 받은 젊은 사람이나 유학파들은 추상성이 있는 그림을 선호하는 비율이 높다. 우리나라에서 유통되는 그림은 수백 년의 역사를 가진 고화에서부터 민화를 비롯해서 각종 종교화나 기록화가 있고 동서양화가 있으며 구상과 추상이 있다. 그리고 보통 사람들이 이해하기 어려운 그림도 많이 있다.

그림에서 구상화는 형상을 갖추어 그린 그림을 뜻하고 추상은 형상을 깨뜨려 상(像)이 없는 그림을 말한다. 그리고 구상과 추상을 동시에 표현하는 반추상이 있으며 현실을 뛰어 넘는 초현실주의 그림이 있다. 그리고 그 외에도 다양한 장르의 그림이 있다. 그림은 감상하는 사람이 선택하는 것이며 종류에 따라 감흥도 다른 것이다. 구상과 비구상을 넘나들며 즐기는 애호가도 많이 있으며 나 역시 다양한 그림을 좋아한다. 심지어 사군자와 서예 작품도 즐기는 대상이며 어쩌다 명작이라도 만나면 크게 감흥을 일으킨다. 따라서 여러 화랑을 찾아다니며 많은 그림을 감상할 뿐 아니라 그림을 아예 수장하는 경우도 있다.

사람들은 흔히 미술품을 잘 모른다고 한다. 그러나 대상을 나타내는 자연주의(自然主義) 그림은 보통 사람들도 쉽게 알 수 있다. 반추상이나 추상미술은 이해할 수 있다고 자신 있게 말하는 사람은 드물다. 구상성의 그림은 기술적인 문제를 존중하고 솜씨가 좋은 것을 선호한다. 따라서 비구상은 원시적이고 순수하며 기하학적인 추상성을 좋아한다. 그래서 구상이나 추상이나 명작은 인간의 내면을 상상 속으로 이끌어 환상적 기쁨을 느끼게 하는 것이다.

매일같이 나는 컴퓨터에서 많은 미술품을 검색하고 감상하는 취미가 생겼다. 한국 고미술 네트워크에 들어가 전국 가맹점의 무수한 미술품을 감상하고 즐기는 것이다. 미술품 감상의 풍요로움이 마련된 셈이다. 지난번 동양화 창을 검색하는 중 마음에 드는 산수화 한 점을 발견했다. 옥산 김옥진 선생이 그린 하경산수였다. 화선지 반절지의 종액으로 되어 있으며 먹색이 창윤하고 산세가 수려하여 감상자의 마음에 평화로운 감흥을 일으키는 좋은 작품이다. 요즘 사람들이 좋아할 수 있는 조건이 충족되지 않은 작품이기도 했지만 나는 이 작품을 보는 순간 구입을 해서 오래토록 감상해야 되겠다는 생각이 들었다. 사람들은 인기작가 작품을 선호하되 그의 초기 작품을 별로 좋아하지 않는다. 최근에 와서 채색화 쪽이 인기가 좋은 것도 시대적 흐름이라 할 수 있다. 그런데 이 작품은 초년작이고 미술시장의 분위기가 종액이며 묵화에 담채로 되어 있으니 인기가 좋을 리 없었다.

작품을 구입해서 화실에 걸어 두고 감상하면서 여러 가지 상념에 잠겼다. 옥산 선생은 허백련 선생의 수제자로 국전에서 특선을 하고 추천작가 초대작가 등을 거쳐 초대작가상을 수상한 훌륭한 작가이다. 필자가 국전에 출품할 당시 선망의 대상이기도 했던 전망 좋은 작가였다. 그러나 최근에 와서는 그의 작품을 선호하는 사람이 많이 줄어들었다. 그 까닭은 전통화나 묵화가 칼라시대의 구미를 충족시키지 못하기 때문인 듯하다. 이러한 이유 때문에 가격이 저렴하다.

옥산 김옥진 선생의 그림을 자세히 보니 볼수록 감흥이 일어나는 수작이었다. 높은 산에서 흘러내리는 작은 폭포가 여름의 운치를 더해 주고 능선에 분재처럼 아름다운 소나무를 그려 단조로운 화면을 조화롭게 했다. 또한 폭포 옆에 산사를 그려 선경의 경지로 이끌어 주고 있으며 중경에는 엷은 안개를 피워 더욱 운치를 더해준다. 화면 전체를 유연한 먹색으로 처리하여 포근한 느낌을 주는 작품이기도하다. 이러한 작품을 만나면 마음에 큰 기쁨을 느끼게 된다.

좋은 작품을 수장하는 기쁨은 대단히 크다. 마음에 드는 작품을 발견하면 돈을 빌려서라도 구입하는 수집광이 많이 있다. 작품을 수집하는 사람들의 의도는 두 마리 토끼를 한 번에 잡으려는 것과 같다. 좋은 작품은 마치 부동산과 같아서 가격이 상승하는 것은 물론이고 동시에 감상을 즐기면서 기쁨을 느끼는 일석이조의 효과가 있기 때문이다.

작품을 수장할 때는 자기감상 수준에 맞고 걸어 둘 장소가 적당한지를 살펴봐야 할 것이다. 조화가 이루어지는 작품이면 족할 것이다. 특히, 고화는 작품의 상태가 좋아야 하고 재질이 상했거나 지나치게 퇴색된 것은 좋지 않다. 볼 때마다 마음에 즐거움을 느낄 수 있는 작품을 구입해서 감상하는 것은 바쁜 일상 속에서 큰 활력을 얻을 수 있는 일이 될 것이다.

빅토리아 폭포, 비를 뿌리다 외 1편

유 기 섭

비옷을 입었지만 폭포가 뿌리는 비는 온몸을 파고든다. 그런데도 그 비는 내 몸의 열기를 앗아가지 못하고 비속에서도 폭포가 내뿜는 포효에 자꾸 빠져든다. 잠비아의 리빙스턴 공항에 내려서 곧장 짐바브웨의 빅토리아 폭포로 향했다. 짐바브웨 측에서 본 빅토리아폭포는 세상의 모든 것을 집어삼킬 듯이 굉음과 함께 거센 물줄기를 깎아지른 절벽 아래로 쏟아 붓는다. 어느 누구도 그물줄기를 제어할 수 없을 거센 힘으로 내리붓는다. 그 누구가 있어 폭포의 자유로운 춤을 멈추게 할 수 있으랴.

스코틀랜드의 탐험가 리빙스턴이 영국의 빅토리아 여왕의 이름을 따서 지은 세계3대 폭포 중 하나인 빅토리아 폭포. 빅토리아는 짐바브웨에서 사용 중인 이름으로 몇 년 전부터 나이아가라 폭포와 이구아수 폭포를 찾아보았기에 3대 폭포를 모두 만나보는 기쁨에 발걸음이 바빠진다. 원주민들은 빅토리아 폭포를 경배의 대상으로 삼으며 '천둥과 번개를 동반한 영원히 솟아오르는 연기'라는 의미의 토착이름인 'Mosi Oa Tunya'를 잠비아에서 공식적으로 사용하고 있다. 잠비아와 짐바브웨 사이에 위치한 폭포를 가까이서 보기 위하여 물소리 나는 곳으로 들어서니 그것은 굉음의 잔치다. 리빙스턴의 동상이 가는 길을 일러주는 데로 걷다보니 청명한 하늘에서 안개비가 내리고 영롱한 무지개가 폭포를 감싸 안는다. 잔잔히 흐르는 잠베지 강의 물은 폭포에 이르러서 갑자기 108미터 아래의 깊은 바위로 힘차게 떨어진다. 지리학자들에 의하면 약 1억5천만 년 전에 처음 생성된 것으로 보고 있으며 뜨거운 화산의 용암이 지하로부터 분출되어 현재의 모양이 되었다 한다. 유네스코에 의하여 세계자연유산으로 지정된 폭포는 분당 약 55만 입방미터의 물을 아래로 쏟아 붓는데 3월에서 5월사이의 우기에는 폭포수가 지상 약 백여 미터를 솟구치며 내는 소리로 인해 '천둥치는 연기'로 불리었다. 108미터의 높이에서 떨어지는 물길이 서로 부딪치며 솟구치니 주변은 여름날 비가 내리듯 땅을 흠뻑 적시며 무지개가 피어오른다. 마음을 빼앗긴 체 그 길을 아무 말 없이 걷는다.

조용히 흐르는 잠베지강물이 이곳에 이르러 맹렬히 떨어지는 소리에 일대의 천지는 모든 것이 폭포에 묻히고 만다. 수천만 년 전 지구의 지각변동에 의하여 형성된 계곡과 낭떠러지라고 하지만 그것으로 설명을 다할 수는 없을 것 같다. 오랜 세월 사람의 손이 닿지 않은 곳이라 아찔한 바위틈새에 핀 작은 꽃망울이 홀로 이방인을 맞는다. 외로움을 달래며 맹렬한 폭포의 위력에 주눅 들지 않는 단단한 생명이다. 다른 곳과는 달리 관광지로 열려있지만 주변을 인공적으로 꾸미지 않아서 자연미가 살아있고 야성을 풍긴다. 오히려 그것이 폭포에 대한 신비를 더하는 것 같다. 때로는 아슬아슬하지만 아주 가까이에서 폭포를 마주할 수 있어서 떨어지는 물살의 세기를 몸으로 느낄 수 있다. 폭포 가까이 절벽에는 보호벽이 설치되지 않아서인지 까마득한 낭떠러지 아래를 내려다보는 모험을 즐길 수 있어서 새로웠지만 깜박하면 떨어질 것 같은 현기증이 온몸을 감싸기도 한다. 폭포수를 머금은 주변의 나무들이 오랜 세월 자연 그대로 병풍처럼 둘러쳐져있고 물안개는 끊임없이 피어올라 하늘로 오르는데 폭포 비는 촉촉이 온몸을 적신다. 마음 가는 대로라면 비옷도 떨치고 내리는 비를 흠뻑 맞으며 폭포가 내뿜는 알지 못할 소리에 마음을 맡기고 오랫동안 그대로 서 있고 싶다. 그는 얼마나 오랜 세월을 혼자 소리 지르며 잠베지의 신들을 호령하고 있을까. 폭포를 마주하고 선 이방인의 생각으론 사람이 아무리 힘자랑을 한들 이곳 폭포의 물줄기를 어찌 당할 수 있을까 싶다.

운이 좋아서인지 세계의 이름 높은 폭포를 둘러보는 행운을 가졌지만 이곳만큼 친밀감을 느끼기는 처음이다. 사람의 손이 거의 닿지 않은 자연의 모습그대로를 유지한 폭포에서 남다른 애정을 느낄 수 있다. 짐바브웨와 잠비아 측에서 보는 빅토리아폭포는 그 모습을 달리한다. 잠비아 측에서 보면 폭포가 더 가까워져 몸이 빨려 들것 같다. 짐바브웨는 한때 경제적 어려움으로 난국을 맞을 뻔하였지만 폭포의 야성이 그대로 살아있어 매년 폭포를 체험하기위하여 오는 세계인들로 관광산업이 꾸준히 호황을 누린다면 경제적 난관도 곧 해결되리라 생각된다. 자연이 주는 무한한 혜택을 누리고 있는 이곳 사람들이 앞으로도 폭포를 잘 보존하여 오랫동안 문명의 때에 찌든 사람들의 허전한 마음에 위안을 주는 마음의 고향이 되기를 빌어본다.

폭포소리는 세상의 모든 떠도는 소문을 잠재우고 홀로 독존한다. 그 오만함, 장대함, 거리낌 없는 질풍과 노도, 세상 사람의 잣대로는 그에 대한 평가를 논할 수 없을 것 같다. 아마도 세상이 열리던 그날의 모습이 재현되고 있는 것은 아닐까. 무슨 말로도 표현할 수 없는 위대함이 가슴을 누른다. 마치 천지가 창조되는 꿈속에서 깨어난 듯한 나는 무엇을 찾아서 지금 이곳에 서 있는 것일까 하고 되돌아본다. 세상에서 내로라하고 뽐내는 사람도 이곳에 오면 자신이 얼마나 작아진 존재인지 깨닫게 될 것 같다. 그의 광대하고 우람한 자태는 지금까지 미몽에 취한 사람들에게 준엄한 심판을 내린다. 끊이지 않는 폭포수 비가 가난에서 벗어나고자 몸부림치는 그들에게 행운을 가져다주는 비가 되었으면 좋겠다.

마사이마을을 찾아서

유 기 섭

탄자니아의 응고롱고로 분화구를 지나서 파란초원이 펴지고 띄엄띄엄 소들이 무리지어 풀을 뜯는 평원. 붉은 망토를 걸치고 손에는 긴 막대기를 든 큰 키의 마사이족 목동이 이방인에게 손짓을 보낸다. 더러는 길을 가는데도 항상 긴 막대기를 들고 성큼성큼 걸어가는 모습이 멀리서 보아도 마사이족임을 알아보게 한다. 분화구내에는 가운데 호수가 있어 물이 마르지 않아 야생동물뿐만 아니고 마사이족의 가축들도 함께 생활한다. 군데군데에는 마사이족 아이들이 소떼를 몰고 풀을 찾아서 이동하는 모습이 복잡한 도시에서는 보기 힘든 여유를 느끼게 한다.

오래전 지각변동에 의해서 생성되었다는 응고롱고로 분화구는 여러 동물에게 물과 먹이를 주는 아늑한 보금자리다. 배부른 사자가 어슬렁거리고 얼룩말이 뛰고 홍학이 춤추는 동물의 낙원을 지배하며 오랜 세월 살아온 마사이족. 그들이 아무 고난 없이 평탄한 길만을 걸어온 것은 아니라고 한다. 한때는 정부로부터 동물을 보호하기 위하여 그곳을 떠나라는 명령을 받고 실제 몇 년간 그곳을 떠나 있었지만 오랜 세월 익숙해진 그들의 삶이 변하지 않고 오히려 난폭해져서 동물들을 닥치는 대로 살상하는 일이 계속되었다. 부득이 정부에서는 그곳을 떠나지 말고 살 수 있게 허락하여 오늘에 이르고 있다. 밤이 되자 롯지에서 멀지않은 곳으로부터 들려오는 야생동물들의 울음소리는 이곳이 아프리카 야생의 삶속에 깊숙이 들어와 있음을 느끼게 한다. 특히 여우와 하이에나의 소리가 점점 가까이 들려온다. 그들과 함께 이 밤의 한가운데 있음을 체감할 수 있다.

한때 마사이족의 걸음걸이를 흉내 내어 '마사이 워킹'이라는 걸음형태가 유행하며 많은 사람들에게 운동의 한 방식으로 자리 잡아 지금도 열기를 더하고 있다. 허리를 꼿꼿이 세우고 정면을 주시하며 팔을 힘차게 뻗는 자세가 현대인의 체형을 아름답게 가꾸고 비만을 예방하는 운동요법으로 인기를 모으고 그에 맞는 신발도 개발되었다. 마사이 마을 사람들은 하나같이 키가 크고 몸은 가늘어 보이지만 날렵하고 단단한 인상을 풍긴다. 드넓은 초원에서 한가로이 풀을 뜯는 가축들을 맹수로부터 보호하기위하여 긴 막대기를 든 목동들이 군데군데 보초를 서며 주위를 경계한다. 아프리카하면 황폐하고 헐벗은 삶의 모습이 많을 거라 여겼던 선입견은 많이 사라지고 그들의 모습에는 평화와 안정이 곳곳에 박혀있다. 이방인의 시각으로는 답답하고 부족하고 불편해 보이지만 그들의 얼굴에서는 어두움보다는 순수함을 더 많이 볼 수 있다. 틀에 박히고 규격화된 모습에 익숙한 사람의 시각으로는 그들의 모습이 비문명적이라고 여겨질지 몰라도 인간의 때 묻지 않은 참모습을 보는 것 같아서 지금까지 느껴보지 못한 신선한 감정을 일깨운다.

기대하지 않았던 도로도 생각보다 잘 정비되어 마사이 마을을 찾아가는 길은 흥분된 마음으로 조급증을 불러일으킨다. 마을에 가까워지자 저 멀리 마을 입구에서부터 주민들 몇 명이 나와서 방문객을 맞을 채비를 하는 모습이 눈에 들어온다. 붉은 망토를 걸친 남자와 여자들이 따로 그룹을 지어 둥글게 서서 막대기를 흔들며 노래하고 위로 뛰어오르는 뜀박질로 힘을 과시한다. 평소 그림을 통해서 보아온 그대로 그들만의 의식에 분위기는 한층 고조된다. 외지인이 가까이 다가갈수록 그들은 더욱 격렬한 노래와 춤동작으로 반갑게 맞이한다. 마을대표의 안내를 받으며 집단주거지로 들어서니 말문이 막힌다. 마치 가축우리에 들어선 기분이 들지만 내색할 수는 없다. 집을 둘러싼 벽이라야 나무나 풀을 엮어서 외부의 맹수로부터 주민을 보호하기위하여 둘러쳐져있다. 집의 외벽은 풀 더미로 엮고 소똥 등으로 발라서 겨우 한사람이 들고날 수 있을 정도의 출입구만 내놓았다. 지금까지 가져온 집에 대한 생각으로는 상상할 수 없는 지경이다. 애초부터 기대는 하지 않았지만 그래도 그들만의 삶의 방식을 이해해야겠다고 생각했다.

어두컴컴한 집안에는 가구라곤 없고 끼니때에 불을 피울 자리와 몇 개의 돌이 놓여있다. 재가 모여 있는 것으로 보아서 그곳이 부엌역할을 하는 곳이구나 싶다. 겨우 두 평도 되지 않을 좁은 공간에서 어린 마사이족이 두 명의 아내를 함께 그곳에서 거느리고 살고 있다니 놀랍다. 더욱이 그의 나이는 16살이라 고하여 아연실색하지 않을 수 없다. 알고 보니 그 마을 전체가 한 가족이라고 한다. 세대별로 구분하여 살고 있지만 한 조상아래서 4세대가 하나의 마을을 이루어 살고 있다. 아내를 거느리는 수는 남자의 능력에 따라서 제한을 두지 않고 자식도 될수록 많이 낳게 한다. 이곳에서 아내는 노동력의 상징이다. 많은 노동력을 확보하기위하여 여러 명의 아내를 두고 산다. 마을 한가운데서는 마을 청년들이 방문객을 환영하는 춤으로 맞이하고 그들의 용맹성을 과시한다. 집과 집사이의 울타리에는 그들이 만든 수공예품이 전시되어 눈길을 사로잡는다. 마을 한쪽에는 어린아이들을 모아놓고 공부를 가르치고 있다. 변변한 교실도 없고 의자와 책상도 없이 맨땅에 앉아서 칠판 하나에 의존하여 선생님이 몇 안 되는 마을 아이들을 데리고 초등학교 수준의 수업을 진행한다. 모래더미 위에서 손은 부르트고 얼굴은 오랫동안 세수를 하지 않은 듯 꾀죄죄한 모습이지만 눈망울은 또렷하다. 갑작스런 이방인의 방문에도 익숙한 듯 웅성거리지 않고 자리를 내어주며 앉으라고 권하는 까만 손이 애처롭다. 이곳에서 일정기간 수업연한을 마치면 마을을 떠나 도시의 상급학교에 진학하는 것에 큰 꿈을 걸고 있다. 이곳에도 차츰 외부문명의 바람이 스며들고 있음을 알 수 있다.

황무지에서 서럽게 피어나는 한 송이 꽃처럼 그들에게도 싱그러운 꽃송이로 자라나는 행운이 함께하기를. 발길을 돌리려니 조악하지만 정성을 다한 솜씨의 수예품을 권하며 사달라고 재촉한다. 그들에게 달러가 왜 필요할까 생각했지만 차츰 그들 세계에도 현대 문질문명의 물결이 조금씩 스며들고 있음을 부인할 수 없다. 온갖 문명의 혜택 속에서 살면서 그들에게만은 세월이 지나도 변하지 않고 그대로 머물러있기를 바라는 것은 과욕일까. 그렇지만 오늘 그들을 보며 응고롱고로 분화구의 초지위에서 목동으로 살아가든 도시로 나가 그들의 잠재된 꿈을 펼치든 외부의 끊임없는 유혹에 흔들리지 말고 오랫동안 지켜온 그들의 전통을 잊지 않고 살아가기를 빌어본다.

서 있는 전차(電車) 외 1편

김 지 형

광화문에 있는 서울역사박물관 앞에 옛날 전차 한 대가 서 있다. 그 앞을 지날 때면 차창 밖으로 남다른 감회에 젖어 바라보곤 하던 중, 오후 5시 이전까지는 내부를 관람할 수 있다는 정보를 듣고 모처럼 시간을 내어 찾아갔다. 열린 전차 문으로 들어선 순간, 나의 시야에는 그 옛날 전차를 타던 시절의 풍경이 어제 일처럼 밀려왔다. 초록 우단이 깔려 있는 좁다랗고 긴 의자, 공중에 걸려있는 손잡이, 벽면에 붙은 광고문도 그때 그대로였다.

시간이 멈춘 그 공간에 세월을 흘러온 내가 서 있다. 나는 쉬이 내리지를 못하고 한참을 그 자리에 굳은 채 서 있었다. 서울 시내를 느리게 누비고 다녔던 전차에 얽힌 젊은 날의 영상들이 하나 둘씩 스치고 지나간다.

전차를 처음 탔던 그날의 기억이 지금도 뚜렷하다. 9.28서울수복 후, 피난지 안성에서 어머니의 손을 잡고 어둠이 내려앉은 저녁나절 서울에 도착했다. 어머니는 피난살림을 접은 보퉁이 하나를 머리에 이었고, 나는 전날 어머니가 사준 새 운동화를 신고, 서울 집으로 돌아온다는 사실에 마음은 한껏 부풀어 있었다. 전차 안은 발 디딜 틈도 없이 만원이었고 흐린 백열등 아래 사람들은 마치 팬터마임 속의 군중들처럼 어두워가는 창밖을 표정 없이 내다보고 있었다. 그들의 무표정한 모습이 왠지 낯설었던 나는 어머니의 치마꼬리를 놓칠세라 잡은 손에 더욱 힘을 주었다.

"전차에서 만난 사람은 원수요, 기차에서 만난 사람은 지기(知己)라는 것이다."

시인 윤동주가 1941년, 누상동 하숙집에서 연희전문까지 전차와 기차를 오가며 통학했던 시절에 쓴 수필 「종시(終始)」에 나온 구절이다. 난생 처음 탔던, 그날 밤 전차 안의 뭇 승객들의 화난 듯한 어두운 풍경을 떠올리니 그제야 시인의 말에 공감이 갔다.

기차에서는 한 자리에서 서로 몸을 비비적거리면서도 서로 어디까지 가시나요, 오늘은 날씨가 좋네요, 하고 웃으며 인사를 주고받는데, 전차 안에서는 뚱-한 모습들이 꼭 원수를 맺은 사이 같다는 시인의 부연 묘사이다. 아마도 바쁜 출퇴근, 생업에 시달려 여유 없는 일상에서 비롯된 까닭이라고 이해가 간다.

1899년 개통되어 1968년11월 멈춰 설 때까지 70여 년간 시민의 발이 돼주었던 전차는 이제 시대의 유물이 되어 박물관 앞에 쓸쓸히 서 있다.

1899년 5월4일 동대문에서 전차 개통식을 했다. 서대문 홍릉 간을 개설한 이유는 그 당시 홍릉에 있던 명성황후 능을 자주 가는 고종 황제의 편리를 위함이었다고 한다.

초기에 호기심과 함께 인기가 높아, 몰린 인파들이 전차 위에 겹겹이 올라탄 모습을 기록사진으로 보아 알 수 있다. 오죽하면 2원 50전 하던 전차를 재미로 타다 전 재산을 탕진한다는 웃지 못 할 이야기까지 전해질까!

50-60년대 초기는 전차의 전성기였다. 광복절에는 온통 꽃으로 장식한 꽃전차에 <8.15의 감격으로 국토통일 이룩하자>라는 플래카드를 두르고 각 초등학교에서 선발한 해방둥이들이 올라앉아 축하 퍼레이드를 펼치기도 하였다.

우리 옆집 아저씨는 전차 운전사였다. 검은 제복에 테를 두른 모자, 흰 장갑에 가죽가방을 들고 출퇴근할 때면, 온 동네 사람들의 선망의 시선을 한 몸에 받았다. 전차의 인기만큼이나 전차 운전사란 직업도 인기가 높은 직종이었던 것이다.

시대의 변화는 어쩔 수 없어 시내 한복판을 느리게 운행하며 체증을 유발한다는 '교통 방해죄(?)'로 1968년, 반세기 이상을 시민과 함께 고락을 같이 했던 전차는 드디어 역사의 뒤안길로 사라지고 말았다.

그해 신문지상을 통해 안타까운 소식을 접했다. 단편 「화수분」의 작가로 잘 알려진 전영택 선생이 을지로4가 전차종점에서 교통사고로 숨졌다는 것이다. 그의 소지품이라곤 주머니에 달랑 전차표 한 장뿐이었다고 한다. 집으로 가려고 전차를 타러오는 중이었을 것이다. 가난한 문인의 사라진 뒷모습이 못내 가슴 아팠다.

그 많던 전차는 다 어디로 가고, 지금은 서울 역사박물관, 서울 국립과학관에 각 한 대씩 두 대만이 보존되어있다고 한다. 이렇게라도 남아 있어 그 시절의 흔적을 회상할 수 있으니 그나마 다행이라고 할까!

문득 이 전차를 타고 시내 한 가운데를 가로지르는 전찻길 위를 댕-댕-댕 소리를 내며 한껏 여유롭게 누비고 싶다. 을지로에서 창경궁 담길과 명륜동, 혜화동 로터리, 삼선교를 지나 돈암동 전차종점에 내려서 옛날 우리 집으로 다시 가고 싶다. 그 자리에 선 채 이런 상상에 잡혀 있을 때, "그만 내려주세요."라 하는 안내 직원의 말에 놀라 허둥대며 내려 올수밖에 없었다.

아쉬움에 뒤돌아보니 전차는 여전히 그 자리에 정물(靜物)이 되어 무심히 서 있다.

나는 "안녕! 전차!"하며 조용히 손을 흔들었다.

상선약수(上善若水)

- 최고의 善은 흐르는 물과 같다

김 지 형

해마다 세밑이 되면 정치인이나 대학교수 등이 사자성어로 그 해의 세태를 표현하고 있다. 이 경우와는 차이가 있지만 나도 나름대로 세상에 바라는 사자성어가 있다.

십 수 년 전 오늘처럼 영하의 기온에 눈발이 성글게 날리는 세모(歲暮)의 어느 날이었다. 그 당시 이름만 대면 다 아는 여류변호사와, 내가 속한 선교회원이 여고 동창이라는 연고로 <명사탐방> 대담을 겸한 점심약속이 있었다. 우리 일행이 사무실에 도착하니 상담 중이라며 대기실에서 기다리라고 했다. 그때 한 젊은 엄마가 등에는 갓난아이를 업고 한 아이의 손을 잡고 잔뜩 주눅 든 표정으로 멈칫거리며 들어섰다. 연년생인지 걸리는 꼬마도 아직 애기티를 벗지 못했다. 우리를 안내한 여직원이 어떻게 왔느냐고 묻자, 남편이 택시 운전을 하다 교통사고를 내고 구속 중인데, 월세를 살고 있는 형편으로 막막하던 차에, 소문을 듣고 인천에서 물어물어 찾아왔다는 것이다.

그때 그 변호사는 '법을 모르고 당하는 여성에게 무료변론'이라는 슬로건을 내걸고 한참 각광을 받고 있었다. 우리의 그날 대담 주제도 바로 그 점이었던 것이다. 한 눈에 보기에 남루해 보이는 그 여인에게 여직원은 그런 경우 대강 얼마의 비용이 드는데 일단 50만원은 준비해 와서 변호사님과 상담하라는 것이다. 직원의 말투는 사뭇 사무적이고 권위적이었다. 그때나 지금이나 그만한 돈은 어려운 사람에게는 큰돈이다. 변호사는 만나보지도 못하고 크게 낙담한 빛으로 등에 업혀 칭얼대는 아기를 추스르며, 무거운 발걸음으로 돌아서는 여인의 뒷모습에 한동안 가슴이 찡했다. 물론 변호사가 그렇게 하라고 시킨 것인지 아닌지는 알 수 없으나, 요란한 구호와는 어긋나는 그 상황에 몹시 씁쓸하고 화가 났다.

한 치 앞도 모르는 게 인생이라더니 나도 얼마 후 그와 비슷한 상황을 겪게 될 줄은 몰랐다. 아들이 대학교 때, 교통사고를 당한 피해자임에도 불구하고 가해자로 몰려 억울한 송사에 휘말렸다. 그야말로 법에 대해 문외한인 나는 어찌할 바를 모르고 뜬눈으로 밤을 새우다 강남에 있는 어느 유명 변호사를 찾아갔다. 사무장의 안내를 받고 들어갔는데, 잠시 후 변호사가 들어와 몇 마디 묻더니 다른 변호사를 알아보라는 것이다. 실망하며 돌아서는 내 등 뒤로 왜 아무나 연결시키느냐며 직원에게 핀잔을 주는 소리가 들려왔다. 나도 그 애기 엄마처럼 구차해 보여서인가, 그런 시시한 사건은 돈이 되지 않으니 맡지 않겠다는 것인가, 나에게는 절박한 문제가 그에게는 그렇게 아무것도 아니란 말인가. 그날 그의 오만한 태도와 내가 당한 수모는 두고두고 잊을 수가 없다. 그 후로 국민 운운하며 정계에서 활동하고 있는 그 얼굴을 TV에서 볼 때마다 역겨움에 고개를 돌린다.

그러나 세상에는 그런 사람만 있는 게 아니었다. 친구의 소개로 한 종교단체의 인권변호사를 방문했을 때, 그는 아들과 나의 말을 진지하게 경청하더니 오히려 우리를 위로해주었다.

그해 유난히 폭설이 잦았는데 눈 쌓인 한계령과 미시령 고개를 넘어 사고지인 속초를 수도 없이 오르내리며 몇 개월의 법정싸움 끝에 마침내 무죄를 밝혀낸 그 변호사를 지금도 나는 수시로 떠올리며 감사하고 있다. 그의 언행은 흐르는 물과 같이 항상 순리에 어긋남이 없었고 얼굴에는 선(善)함이 쓰여 있었다.

상선약수(上善若水) - 물은 높은 곳에서 낮은 데로 흐른다. 세상 이치도 물 흐르듯 하는 것이 최고의 선이라 했다. 무릇 가진 자가 없는 자에게, 강한 자가 약한 자에게, 지식이 많은 자가 모르는 자에게 베푸는 것이 최고의 미덕이라는 노자의 가르침이다.

근래 들어 갑질이라는 신조어가 이슈화되고 있다. 물론 가진 자, 강한 자, 배운 자가 갑의 위치다. 물은 거슬러 흐르는 법이 없으나, 사람은 물을 거스를 수 있는 힘을 특권인양 누리고 있는 것은 아닐까!

문득 눈 오는 창밖으로 엄마의 손에 이끌리어 나가다 멈칫 뒤를 돌아보던 어린 꼬마의 맑은 눈망울이 떠오른다.

아홉 식구 외 1편

최 학 용

지난밤은 불안감 속에 잠을 쉽게 불러 오지 못했다.

병원 예약시간 맞추어 나서는데 나의 만류를 무릎 쓰고 함께 나서려는 남편, 늘 아프기에 낯이 없는 나, 같이 살면서 싫은 내색 한번 안하고 늘 살핀다. 남편에게 감사한 마음을 넘어 딱한 생각이 들 때가 더 많다. 열흘 전 해놓은 복부 초음파 결과를 보는 날이다. 담낭에 생긴 돌들이 문제다. 혹 수술을 한다면 어쩌나! 심히 걱정되었다. 대수술을 몇 번 해본 경험이 나를 이렇게 불안하게 한다. 담석을 제거할 경우 요즘 복강경수술법으로 제대(배꼽)부위에 구멍을 내어 간단히 한다지만, 나는 위 절제 수술한 자리 때문에 개복을 해야 함을 안다. 수술 못하는 병이 문제지 수술 할 수 있는 게 얼마나 다행인가? 이렇게 감사로 받아 드려야지 하는 마음이 없는 것은 아니나 불안을 떨쳐 버리기는 쉽지 않다. 소심한 성격 탓일까?

결과가 나왔다. 한 달 간의 약 복용 효과인지 염증은 가라앉았다 했다. 야호! 라도 외칠 것 같은 기쁨을 감추지 못하는 남편. 약을 계속 복용하면서 통증이 오면 오라했다. 그때는 쓸개 없는 놈이 되는 팔자다. 밥통(위) 없음에 어렵게 살아가고 있는데, 이건 타고난 운명 아니고는 있을 수 없는 일이다. 내가 위 절개 후, 쓸개 없는 놈은 있어도 밥통 없는 내 새끼가 어찌 살까? 하시며 할머니 임종 시 보다 더 통곡하시던 아버지의 울음소리가 다시 내 귀를 울린다. 잠깐 안도의 숨은 쉬었으나 숙제는 남아있다. 기분 좋다며 점심 맛있는 것 먹자는 남편 제안대로 식사를 했다.

병원 나오는 길에 상설 전시장에 들렀다. 이 병원에 올 때면 방앗간을 그냥 지나치지 못하는 참새처럼 꼭 들리는 전시장이다. 여기서 웬만한 스트레스는 풀고 온다. 흥미와 재미를 더하는 그림, 사진, 꽃꽂이, 도자기 전시회가 돌아가며 열리는 공간이다. 지난주 왔을 때는 꽃그림 전시 중이었다. 여성 작가이기에 더욱 섬세하고 예리한 표현을 했구나, 감탄했다. 마침 며칠 전 그림전시회를 가졌던 친구가 머리에 떠올랐다. 전시 작품을 사진 찍는 일이 금기 상황인 줄 알기에 머뭇거릴 때다. 작가가 눈치를 챘는지 한 시간 후 그림을 내릴 시간이라며 사진 찍기를 허용해 주었다. 그림 모두를 핸드폰에 담았다. 오는 길 차중에서 친구에게 몇 편 보냈다. 오늘은 남성 작가의 옛 생활 용품들을 그린 전시회다. 옛날의 고향 시골집이 머리에 떠오르는 정겨운 그림들이었다. 보는 이 각자의 마음을 따뜻하게 녹여줄 무언지 뭉클하고, 가슴을 아리게 하는 어린 시절의 감성을 불러오기 충분했다. 옛날 가구, 아니 집안의 침구 등이 나를 옛날 사랑방으로 안내하는 듯 했다.

술래잡기, 다방구, 묵찌빠, 기마전, 사방치기, 수건돌리기, 연 날리기, 닭싸움, 딱지치기, 쥐 불 놀이, 무궁화 꽃이 피었습니다. 상대도 없이 얼마든지 할 수 있는 게임에 빠져있는 요즘의 아이들과는 전혀 다른 감성을 경험하며 서로를 이해하고 배려하는 문화를 자연스럽게 체험했던 우리 세대가 아니었나?

새로 틀어온 솜으로 이불을 만드는 날, 할머니 바늘에 실을 꿰어드리던 생각. 풀 먹여 새로 만드는 이불 위에 뒹굴며 마냥 깔깔 댔어도, 우리를 꾸중이나 했었나? 어릴 적 기억의 그리운 소리가 담긴 소품들을 그린 따뜻함이 전해진다. 칠팔십 대들의 정서와 감성의 회복을 돕는 작은 위안의 선물이 될 만 한 그림들이었다. 이곳을 찾은 환자와 전시장을 들리는 모든 이들에게 다소나마 위안이 되었으면 하는 마음이다. 꿈 많던 옛 시절의 나를 찾아 일상으로 향하는 긍정의 에너지를 받은듯했다.

오래된 손틀, 빨간 공중전화기, 작은 텔레비전, 궤짝 같은 책상, 자물통 달린 이불 얹어놓은 궤짝, 그 위엔 누에를 길러서 손수 짜 만든 명주 이불이 보였다. 어쩜 침구 색깔까지도 그리 곱던지, 옛날의 염색술도 뛰어났었다는 감탄이 절로 나왔다. 그 위에 얹은 둥근 베개들, 다듬잇돌 위에 방망이 두 개도 가지런히 놓여있다. 바이올린도 방 한구석에 세워져있어 정감이 어린다. 그 시절 악기에 관심 있었던 한 아이는 아마도 지금의 음악대가가 되었을지도 모를 일이다.

작품으로 봐서는 여성작가다운 표현이라 생각되었다. 그런데 남성작가였음이 의외였다. '식구가 아홉 명이네.' 남편의 지적에 어디 설명이 있나요?

'쌓인 베개가 아홉 개네.' 아! 베개가 식구대로 하나씩이지……. 옳다. 이런 센스(?) 나에겐 부족한 센스를 남편은 자주 발휘한다. '당신은 센스 쟁이'라며 '엄지 척'으로 남편을 세워주었다. 예기치 못했던 병원에서의 남편과의 데이트. 불안했던 마음을 좋은 것으로 채워 주시겠지 하는 믿음이 있었기에, 그림 전시회에 들릴 마음의 여유가 생겼고, 남편이 함께 했기에 웃음으로 서로의 얼굴을 마주한 행복한 날이었다.

- 2018. 9.

시루떡 잘 찌는 여인

최 학 용

오늘도 푹푹 찐다는 말이 어울리는 뜨거운 날씨다.

며느리가 '어머니 떡 가지고 왔어요.'하며 들어선다.

아들네 이웃에 사는 내 친구가 또 떡을 해왔다며, 떡 좋아 하는 나를 위해 가지고 왔다. 벌써 여러 차례다. 바쁜 시간을 내어 시어머니를 챙기는 마음이 늘 예쁘다. 떡은 아직도 따뜻했다. 보자기를 펼치는 순간 형형색색 아름다운 색의 조화가 먹기 아까울 정도의 정성 가득한 시루떡이다. 군침이 돈다. 쌀도 최고 좋은 쌀로, 콩도 가을에 좋은 것 골라 까서 냉동실에 보관한다고 했다. 떡을 제대로 만드는 사람들은 마음가짐부터 다른가 보다.

제주도 선인장 말린 분말을 넣은 빨간색 떡가루에, 잣 호두 은행 밤 대추나 곶감으로 그림을 그리듯 장식을 했다. 대추나 곶감으로 향이 풍겨 나오는 단맛을 연출했는가 하면, 잣은 곱게 갈아 고소한 맛을 낼 줄 알고, 갓 볶은 흑임자로 고소한 풍미를 입히는 맛 까지 더했다. 보는 것만으로도 친구의 정감어린 얼굴이 떠오른다. '칼로 자르기도 아까운 걸 식기 전 가져다드리려 잘랐어요.' 며느리도 감탄하는 눈치다. 떡 위에 그림 같은 장식이 잘려 나간 게 아쉬웠다. 너희들도 같이 먹자는 나와 친구의 제안 때문에 반을 잘라온다. 어느 때는 연

잎을 말려서 가루로 만들어 연 녹색의 떡을 만들기도 했다.

무슨 일이든 이름만 붙이면 떡을 손수 쪄서 소반에 받쳐 예쁜 보자기로 싼다. 어디든 축하의 자리든, 위로할 자리든 사랑을 나르는 친구는 오늘도 나를 감동시킨다. 나의 부모님은 커피를 마시면 잠을 설친다 하셨다. 대추차나 식혜를 더 즐겨 드셨다. 빵을 드시면 속이 더부룩하다 하셨다. 이런 떡을 드셨다면 아이처럼 까르르 웃으시며 잘 드셨을 것 같다. 그리고 다식과 조청을 생각하셨으리라. 하늘나라에서 휴가라도 한번 나오시면 이런 떡을 놓고 티타임을 가져 보고 싶다. 서울이 텅 빌 정도로 휴가를 떠나는 요즈음인데... 귀한 떡을 대하며 부모님 생각이 밀려온다. 오늘 같이 흐린 날 부모님과 티타임을 갖는 일은 일생에 꼭 한번 가질 만한 추억이 되련만……. 아쉬움만 가득하다. 오늘 남동생들 삼형제가 평택 선산에 벌초하러 떠났기에 부모님 생각은 더욱 간절하다.

시루떡 잘 찌는 이 친구는 나와 고등학교 동창이며 미술 작가다. 고등학교 시절 미술시간에 이미 재주가 알려졌던 친구는 공동 전시회도 여섯 차례나 했고, 이번에 첫 번째 개인전을 열었다. 누가 봐도 작가다움이 생활 속에서도 엿보였다. 어느 날 옥수수 두 자루를 건넸다. 몇 시간 후 껍질을 까서 찐 채로 그려서 카톡으로 보냈는데 실물과 똑같았다. 평범한 일상에서 한가지씩의 소재를 택해 스케치하며 일기 쓰는 습관이 지금의 발전을 가져 온 것 같다. 꽃을 보면 꽃을, 아무튼 그날의 주제를 그려 짧은 일기를 보낸다. 가끔은 손수그린 엽서에 짧은 안부와 좋은 말을 써 우체통에 넣는다. 손수 쓰고 그린 그림엽서. 이를 받는 기분은 이 세상에서 차별화된 나의 삶인 것 같은 착각을 불러 오기도 한다. 이런 친구가 내 곁에 있음이 얼마나 행복인가! 내가 이런 말을 했다. 너무 멋있는 그림이 있는 일기를 많은 사람이 같이 보면 좋겠다고, 책으로 엮어 볼 것을 권했었다. 그림들이 좋아서 한 말이었다. 인물화도 내 눈엔 수준급이라 여겨진다. 언젠가 친구 집 마루에 들어서는 순간 김수환 추기경이 앉아 계신 듯 놀랐다.

지난달 드디어 연 개인전. 몇 점 인물화에 사진처럼 머리털 하나하나가 날리듯 그림이 꼭 사진과 같았다. 나 자신은 그림에 대한 문외한 이지만 친구가 기성 작가의 궤도에 올랐음에 가슴 벅찬 찬사를 보냈다. 본인이 노래는 못 불러도 이미자가 노래 잘 부름은 들으면 아는 것 같은 이치다.

이번 전시회에서 그림 한 점을 골랐다. 작가 본인도 아끼는 그림인데 나에게 건넸다. <해바라기> 꽃그림이다. 내가 좋아 해 가지고 싶었지만, 고3 수험생인 손녀 방에 걸어 주었다. 덤으로 준 <강원도의 겨울> 설경을 그린 그림도 아들 집 거실에 걸어 주었다. 내리 사랑을 하고 있는 자신을 발견하며 나도 모르게 미소가 번진다.

사랑하는 친구를 칭찬하기에 필력이 부족하여, 여기에 전 국립민속박물관장 김광언 인하대 명예교수의 글 일부를 소개한다.

글씨가 곧 사람이라는 진리를 다른 입을 빌려서 말 할 것이 없다.

류지은 님이 바로 산 증인이다. 오랫동안 아파왔던 남편을 끝까지 보살피고, 그 위에 시부모님까지 남 달리 모신 것도 여간 어진 성품이 아니고서는 누구도 이루기 어렵다고 믿기 때문이다. 류선생님이 평생 학생 가르치는 일에 매달리셨던 것도 덧붙일 일이다. 선생님의 한 마디가 사람의 평생을 좌우하는 사실을 우리는 모두 알고 있다. 생각해보면 류 선생님의 훈도를 받고 자란 학생들이야말로 행복하고도 뜻 깊은 시절을 보냈음에 틀림없다. 나도 동감이다.

- 2018. 9. 16

만 원의 행복 외 1편

유 경 희

만 원은 어느 하나 빈 곳 없이 꽉 찬 느낌을 주기도 하지만, 만 원짜리 한 장이라는 표현처럼 가볍게 느껴지기도 한다. 어떤 사람은 만 원으로 며칠 먹을 라면을 사고, 누군가는 그날의 반찬을 준비하기도 하지만, 대부분의 사람들은 만 원을 들고 나가면 살 게 없다고 투덜댄다. 만 원으로는 주말에 영화 한편도 볼 수 없을 만큼 가치가 하락했다.

만 원은 '만 원의 행복', '만 원의 기적', '만 원의 가치' 등으로 불리며 그 쓰임을 짐작하게 하기도 한다. 만 원씩 기부한 게 모아져 어린이 재활병원을 건립하기도 하고, 만 원씩의 기부가 아프리카 어린이들을 질병에서 구하기도 한다. 수많은 사람들의 만 원은 때로 기적을 행하기도 하고, 가치 있게 쓰이기도 한다. 만 원의 가치는 사람마다 다르다.

만 원으로 무엇을 하면 행복할 수 있을까 생각해본다. 친구와 카페에 앉아 아메리카노와 카페라테를 시켜놓고 수다를 떨 수도 있고, 주중에 영화관에 가서 신작 영화를 보며 시간을 보낼 수도 있다. 다 좋다. 별거 아닌 듯 보이지만 편안하고 행복에 젖을 수 있다.

'소확행'이라는 말이 유행이다. '소소하지만 확실한 행복'이라는 뜻이다. 일상에서 느낄 수 있는 작지만 확실하게 실현 가능한 행복을 말한다. 나의 '소확행'은 '만 원의 행복'이다.

카드사나 통신사의 홈페이지에서는 멤버십혜택으로 '만 원의 행복'이란 이름하에 연극티켓을 만원에 제공한다. 유명한 연극은 금세 매진이 되지만, 장기공연이나 소극장의 뮤지컬, 대학로의 웬만한 연극은 거의 만원에 볼 수 있다. 가끔 가다 초대권이 당첨되기도 하지만, 아쉽게도 그런 일은 1년에 한두 번 일어나는 일이기에 즐거움을 느낄 기회는 별로 없다.

연극을 보는 날은 가장 친한 친구를 만나는 날이기도 하다. 친구와 같은 취미를 가졌다는 것 역시 행복한 일이다. 때로 초대권이 생겼는데 이 친구가 시간이 안 돼서 다른 사람과 가려해도 그런 건 싫다고 하는 경우도 있다. 뮤지컬은 좋은데 연극은 싫단다. 공짜로 보여주겠다는데 왜 싫은지 이해가 안 가기도 한다. 하기야 모든 사람이 연극관람을 좋아한다면 연극배우가 먹고살기 힘들다는 말은 있지도 않을 것이다.

공연 티켓 값이 많이 올라 대학로의 웬만한 소극장 공연도 3~4만 원을 훌쩍 넘는다. 좋아한다고 자주 보기에는 부담스럽다. 정말 좋은 공연이라면 그 정도 지불해도 아깝지 않지만 그런 공연을 찾아내는 안목은 부족하다.

한두 달에 한 번 정도는 '만 원의 행복' 티켓을 구입하여 연극을 본다. 친구가 뮤지컬을 좋아해서 1년에 몇 번 정도는 무리를 하기도 하고, 가끔은 만 원으로 할인하지 않는 연극을 보기도 한다. 그러나 가장 뿌듯할 때는 역시 만원으로 본 연극이 만족감을 줄 때다. 소소하지만 확실한 행복이다.

요즘 연극은 예전과 많이 달라진 느낌이다. 웬만한 연극엔 양념처럼 멀티맨이 나온다. 주로 재미있는 대사나 우스운 행동을 하기 때문에 멀티맨의 등장만으로 웃음이 빵 터질 때도 많다. 때론 주인공은 기억에 없는데 남자였다가 소녀로 나오기도 하고, 노인이었다가 아이로 분장하고 나온 강렬한 이미지의 멀티맨만 생각나기도 한다. 연극의 특성상 한 사람이 무대에서 여러 역할을 맡기도 하지만 멀티맨의 역할은 다른 듯싶다. 멀티맨의 중요임무는 관객을 웃기는 것이 아닐까 하는 생각이 들 때도 있다. 정통 연극이나 심각한 연극에서는 1인 다역이라 해도 멀티맨이라고는 하지 않으니 말이다.

결혼해서 아이가 생기고, 그 아이들이 클 때까지 연극은 거의 못 봤다. 지금처럼 자주 공연을 보러 간 건 작은아이가 대학을 간 이후부터다. 이십여 년 만에 대학로를 찾았을 때 적잖이 당황했다. 연극의 무게가 많이 달라져서이다. 영화도 스토리가 있는 영화가 있고, 킬링타임 용 영화가 있듯이 연극도 순간만 웃고 즐기는 공연이 많아졌다. 볼 때는 웃지만 가끔은 허무할 때도 있다. 어떨 때는 소극장의 관객보다 배우가 더 많은 공연을 본 적도 있다. 관객이 적다고 좋은 공연이 아닌 것은 아니지만, 관객이 적을 때는 다 이유가 있는 법이다. 저녁 8시 연극을 보러가서 11시가 넘어 집에 들어오는 건 쉬운 일이 아니다. 평소 저녁에 나갈 일이 없는 주부로서는 일부러 시간을 내서 큰맘 먹고 가는 일이다. 내용도 없고 말장난만 보고 왔다는 느낌이 들 때는 시간을 낭비한 것 같아 억울하기까지 하다.

'만 원의 행복'으로 선택하는 연극은 이런 시행착오를 줄일 수 있어 좋다. 회사가 지원해서 싸게 파는 티켓이니 1차로 작품을 골랐을 테고, 홍보효과도 있어 일단 관객이 많다. 관객이 많으면 배우는 힘이 나니 공연이 썰렁할 일은 없다. 주로 롱런하는 연극이 많은데 장기공연 하는 작품은 관객들이 찾는 연극이고, 관객이 찾는 연극은 최소한 재미는 있다. 가끔 유명배우들이 출연하는 작품이나 에쿠우스, 쥐덫 같은 정통연극을 할인하기도 한다. 물론 이런 티켓을 만원으로 구입하기 위해서는 정보력과 스피드가 필요하다. 티켓을 쟁취해서 객석에 앉아 있을 때는 정말 뿌듯하고 행복하다.

만 원의 가치가 사람마다 다르듯, 행복의 가치도 사람마다 다르다. 만 원짜리 연극 따위를 보고 행복해하는 사람을 이해하지 못하는 사람이기보다는 만 원짜리 연극을 보고 행복해 하는 사람이고 싶다. 어차피 반복되는 일상이라면 작지만 확실하게 실현 가능한 행복을 느끼며 살고 싶다.

혼자만의 약속

유 경 희

약속이 없는 날이면 10시쯤 동네 스타벅스에 간다. 요즘의 새로운 낙이다. 2층 창가에는 1인용으로 앉을 수 있는 자리가 마련되어있다. 창가에 긴 테이블이 ㄱ자로 있고 창을 바라보며 앉을 수 있는 의자가 쭉 놓여있다. 내가 좋아하는 자리다. 창을 바라보고 앉아있으면 밖이 잘 보이고 밝아서 좋다. 뒤는 보이지 않으니 신경 쓸 일도 없고, 적당한 소음은 책읽기에도 인터넷 검색을 하기도 적당하다.

올같이 더운 여름, 커피 한 잔이면 두어 시간을 시원하게 앉아있을 수 있으니 이보다 경제적인 것도 없는 것 같다. 혼자 집에 앉아 에어컨을 켜고 있는 건 국가적인 낭비 아니겠는가?

건널목에서 스타벅스 2층을 올려다보며, 창가자리가 만석인 듯 보일 때는 들어가기 전부터 한숨이 나온다. 오늘 하루를 잃은 것 같은 기분이다. 어느 자리에 앉아야 할지 계단을 올라가면서도 고민이다.

1인용 창가자리에 앉을 때는 나름의 규칙이 있다. 의자 한 개의 자리만큼 테이블을 사용하면 자리가 비좁다. 그 자리를 애용하는 사람들은 보통 노트북을 켜고 있거나, 책과 노트를 펼쳐놓고 공부를 하기 때문에 일인당 두 개의 의자와 그만큼의 자리를 차지한다. 사람이 앉은 옆 의자에는 가방을 놓고, 가방 자리의 테이블 위에는 커피나

책, 기타 소지품을 놓는다. 누가 정해준 것도 아닌데 대부분 그렇게 앉는다. 그것을 고려한 듯 천장의 전등조차 두 자리에 한 개씩 배치되어 있다.

2층에 올라가서 창가를 봤을 때, '사람, 가방, 사람, 가방' 순이어야 하는데 가끔 '사람, 가방, 가방, 사람'이 앉아 있을 때가 있다. 그때는 정말 고민이다. 사람 옆에 가방을 놓아야 할지, 순서대로 내가 앉고 옆 의자에 가방을 놓아야 할지 모르겠다. 자리를 잡으면서 더 고민일 때는 중간에 세 자리가 비었을 때다. 사람 옆에 가방을 놓고 앉았는데, 옆 사람이 가버리고 다른 사람이 와서 가방 자리에 앉고 옆에 가방을 두면 나는 졸지에 가방 옆에 가방을 둔 경우 없는 사람이 되기 때문이다. 그럴 땐 나중에 온 사람이 나와 같은 갈등을 겪을까봐 슬그머니 가방과 나의 자리를 바꾸거나 내 의자 뒤에 가방을 걸어서 한자리만 차지하기도 한다.

다른 사람들의 생각은 모르겠다. 그냥 들어와서 빈자리에 편하게 앉는 게 카페니까 나 같은 생각을 가진 사람은 없을 지도 모른다. 나 역시 처음부터 그런 건 아니다. 일주일에 두어 번 정도 가다보니 무언의 질서가 보이기 시작했을 뿐이다. 그렇다고 해서 가방 옆자리에 가방을 둔 사람 때문에 자리에 앉으면서 고민을 하는 건 너무 지나친 게 아닌가 싶기도 하다.

따로 나가 사는 큰아들이 '엄마, 어디세요?' 하고 카톡을 보내서 '열공 인 스벅'이라고 보냈더니 점심을 사주겠다며 왔다. 옆자리에 앉아서 열심히 이야기하는데 순간적으로 깜짝 놀라 입에 손가락을 대며 '쉿~~!' 했다. 아들이 어이없다는 표정으로 여기는 카페이지 도서관이 아니라고 한다. 옆 사람들이 다 공부하기에 나도 모르게 도서관인 줄 알았다고 하고는 같이 웃는다. 이 라인에선 거의 나란히 앉아 수다를 떨지 않는다. 각자 혼자서 자신의 일을 하다가 전화라도 오면 통화를 하는 게 말을 하는 유일한 순간이다. 간혹 옆 사람이 한참을 통화하는 경우가 있는데, 그걸 들으며 짜증이 나는 건 갱년기 아줌마라 신경질적이기 때문이 아닌 가 걱정스럽기도 하다.

카페에 일찍 도착한 사람들은 자기가 좋아하는 자리에 앉았을 테고, 나중에 온 사람들이 그 사이사이를 채우다보면 사람 옆에 사람이 앉을 수도 가방 옆에 가방을 두고 앉게 될 수도 있는 일이다. 카페에서 전화 받고, 같이 온 사람들과 대화를 나누는 건 당연한 일이다. 조용하게 혼자 앉아 있고 싶으면 도서관에 가야했다. 신경 쓰는 게 더 이상하다.

카페에서 아무데나 앉고 싶은데 앉는 것은 누구에게 피해를 주는 것도 아니다. 그 사람들 역시 각자 돈을 내고 나처럼 커피를 마시고 담소를 나누며 쉬러 온 것이다. 자리에 앉을 때 순서가 있다거나 창가자리에선 떠들면 안 된다는 규칙이 있다는 건 고객을 상대로 하는 매장에 맞지도 않을뿐더러 그런 규칙이 있는 커피숍은 사람들이 찾지도 않는다. 창가자리에 앉으면서 나름의 규칙이 있다고 생각하고, 사람들의 편리함을 위해 만들어진 무언의 약속이라 여겼지만, 사실은 나 혼자만의 약속이었던 셈이다. 아무도 모르는 규칙을 정하고, 내 안의 질서 속에서 평안함을 느끼며, 그 질서를 따르지 않는 사람에게 짜증이 난건 너무도 독선적이고 우스운 일이다.

나이가 든다는 건 불만이 많아지는 게 아닐까하는 생각이 들 때가 있다. 남을 배려한답시고 머리 굴리다가 나와 같지 않음에 오히려 꽁할 때도 있다. 살아온 시간이 길어진 만큼 타인을 이해하는 마음도 생기지만 반대로 나와 다름에 화가 날 때도 많다. 모두가 내 맘 같지 않고 나 역시 남의 마음에 쏙 드는 스타일이 아님에도 불구하고 말이다.

오늘은 창가자리에 한 명만 앉아 있다. ㄱ자로 꺾어지는 코너에 짐을 놓고 한자리만 차지하고 있다. 그의 옆에 가방을 놓고 앉으려다 그냥 중간쯤에 두 자리를 차지하고 앉는다. 잠시 후 한 남학생이 와서 내 옆에 앉으며 그의 왼쪽 자리에 가방을 놓는다. '아니, 왜……?' 신경 안 쓰려고 중간에 딱 버티고 앉았는데 아무리 생각을 고쳐먹어도 사람은 변하지 않는가 보다. 나중에 온 여학생은 내 가방 옆자리에 한 자리가 남은 곳에 앉아 자연스럽게 내 가방자리 테이블을 반 나누어 사용한다. 우리 둘 다 아무 말하지 않았건만 어느새 나는 내 쪽으로 소지품을 당겨놓았고 그 학생은 그 옆에 책을 쌓아두었다. 어느 누구도 불편하지 않았으며, 그 누구도 자리에 신경 쓰지 않았다.

– 2018. 10.

레오형제님 외 1편

김 성 윤

몸이 부자유스럽다보니 많은 분들의 도움을 받는다. 모두들 바쁜 세상에 자신들의 시간을 내서 불편한 나를 성당에 데리고 다녀준 분들을 잊을 수가 없다. 바로오형제님 그분의 여동생, 레오형제님 등 여러분에게 모두 고맙다는 인사를 전하고 싶지만 제대로 표현도 못한 것 같다.

허리와 골반과 다리가 아파서 걸어 다니는 것이 무리라고 하여 결국 보조바퀴 달린 자전거를 사서 타고 다니게 되었다. 자매님에게 이젠 성당에 자전거 타고 다닐 수 있으니, 봉사 그만해주셔도 된다며 그동안 고마웠다고 말했다.

'자전거를 타고 다른 사람들보다 먼저 갈 수 있다'는 생각에 행복했다. 세상에, '다른 사람들보다 내가 먼저갈 수 있다'니, 생각만해도 신기하기만 했다. 늘 뒤쳐지면서 걸어야 했는데 요즘 이 녀석이 효자다. 레오형제님께는 자전거를 샀다고 자랑까지 했다.

겨울이 왔는데 기침소리에 '감기 걸렸냐?'고 하면서 그때부터 먼저 문자를 보내어 성당에 같이 가자고 몇 시까지 나오라고 하신다. 때로는 부인과 같이 오거나, 그 동네 분들과 같이 오실 때도 있는데, 가끔은 혼자 오실 때도 있다. 내 책을 읽고 많은 것을 느꼈다고 정말 열심히 살아간다고, 형제님이 부끄럽다고 말한다. 나에게 참으로 배울 점이 많단다. 형제님하고 이런 저런 이야기를 하면서 외롭다는 생각이 사라진다. 사실 내가 한 것은 별로 없고 살아가기 위해서 열심히 살아온 것뿐이었는데 칭찬 해 주시니 고맙고 좋았다.

3월 17일 오후 5시까지 광화문에서 아는 분이 시집출간기념회를 한다. 몸도 아프고 시간도 없고, 화분도 들고 가야하고, 또한 지하철 타고가면 사람들이 자꾸 건드려서 여러 가지 핑계로 레오형제님(택시기사님)께 부탁을 했는데. 차비도 안 받고 데려다 주시고는, 기념식장에 같이 들어가자고 하니, 레오형제님은 사양하신다. 그래서 시집출간 기념회를 하는 곳에서 1시간도 채 안되어 나왔다. 그 동안에 벌써 손님 세 번이나 태웠고 나 때문에 마지막 손님은 돈도 안 받고 내리게 했단다. 내일은 아침에 마라톤 경기가 있어 길이 복잡해 성당에 미사를 보려가기 힘들 것 같아 곧장 마장동 성당으로 특전미사를 보러가는 동안 이런저런 이야기를 하다가 내가 웃기는 이야기를 하였더니, 힐링이 되었다고 한다. 그나마 형제님이 힐링이 되어서 다행이다. 형제님 보고 늘 고맙다고 하였더니, 수녀님들이나 나에게 봉사를 하면 그만큼 돈을 더 많이 벌게 해주신단다. 집까지 데려다 주면서 나에게 인생 공부를 많이 했다고 한다. 사실은 내 자신이 그런 말을 들을 자격도 없다.

그분께서 성당 유치원 차를 운전하시고, 택시 운전까지 하신다. 늘 아이들을 무척 좋아하신다. 천사 같은 분이다. 사실 그렇게 봉사를 한다는 것은 쉬운 일이 정말 아니다. 나는 누구를 위해 봉사를 하지 않고 받고만 살아가고 있다. 나보다 어려운 사람들을 도와주고 죽어야지 하지만, 앞으로 그렇게 살 수 있을지 모르겠다. 건강상태가 좋지 않아서 지금은 당분간 쉬라고 하는데 회복하기가 쉽지 않고 오랫동안 치료를 받아야 한다고 한다. 인생은 아무도 알 수 없는 것 같다. 자꾸 허무하다는 생각을 한다.

혼자 자전거 타고 다녀도 된다고 하니, 추워서 안 된다고, 3월부터 타라고 하더니, 이젠 위험해서 안 된다고 말씀하신다. 이렇게 도움만 받아도 되는지 모르겠다. 다시는 미안해서 개인적으로 어딜 가자고 말을 못하겠다.

아무튼 나를 도와주는 많은 분들이 계시니, 인덕이 많은 것 같다.

– 2018. 3. 24.

성윤아, 난 말만 살았어

김 성 윤

장애인콜택시 타고 떠나는 언니의 모습을 보면서 괜히 눈물이 나올 것 같다.

만나자고 만나자고 하면서도 내가 늘 바쁘다보니, 이제서야 S언니를 만났다. 그 언니야말로 대단하고 존경스러운 언니다. 불편한 손과 목발로 생활하였던 언니다. 결혼을 하여 현명하게 한 남자의 아내로, 두 아들의 엄마로, 집안 살림을 다 하면서 살았다. 또한 시집, 친정 경조사들을 다 챙기면서 자동차 영업사원으로 20년 넘게 살아왔다. 여자들이 할 일들은 왜 이렇게 많은지 모르겠다.

그것은 결코 쉬운 일이 아니었을 것이다. 불편한 몸이기 때문에 느린 몸으로 남들보다 먼저 일어나 준비를 해야 했을 것이다. 나 또한 그렇게 살아왔다. 또한 아이들 키우면서 몸이 불편해서 엄마로서 해주지 못하는 것들로 꽤 마음이 아팠을 것이다. 두 형제들을 참 잘 키웠다.

자기는 세상 사람들과 어울리면서 생활을 하고 싶었다고 한다. 자동차라는 영업에 뛰어들어서 비장애인들과 생활을 한다는 것은 결코 쉬운 일이 아닐 것이다. 장애인이라고 또 얼마나 눈치를 보고, 기가 죽고, 차별과 멸시를 받아야 했을 것인가. 그 서러움 당해보지 않은 사람은 정말 모르는 일이다. 그 속에서 20년 넘게 버티면서 살았다는 것에 박수를 보낸다. 언니가 직장생활을 하면서 후회한 것이 있다면서 말했다. 그들이 나를 위해 먼저 배려를 하고, 그들이 눈치를 봐야하는데 반대로 산 것이 후회라고 했다. 그러나 그들이 그렇게 해주기까지 아직 우리 사회가 멀었다. 나도 그렇게 살아왔다. 그나마 내쫓기지 않는 것이 다행이야. 언니 정말 잘 살아왔어. 그나마 언니는 언어 장애가 없어서 영업사원을 할 수 있었지. 20년이란 세월을 직장생활 한다는 것은 비장애인도 힘든 일이야. 물론 언니도 노력을 많이 했기에 여기까지 왔겠지만 그것은 언니에게 큰 행운이라고 생각해. 나도 꾸준하게 다닐 수 있는 직업이 있었으면 좋겠다. 이 불안한 마음을…….

"성윤아! 난 말만 살았어."라고 하는 말에 마음이 아파온다. 이제는 전동휠체어에 겨우 의지하면서 살아가는 언니. 움직이지 못하니 근력은 자연히 다 빠지고 몸은 점점 굳어서 남편 도움 없이는 거의 움직일 수 없다고 한다.

그 말을 들으니, 남일 같지 않다. 그럴수록 스트레칭을 해주고 물리치료 받아야 하는데, 직장보다 지금은 몸 상태가 중요한 일이다. 움직일 수 없고 바쁘다는 이유로 몸 관리를 하지 않았으니, 당연한 일이다. 시간도 없고 물리치료 받는 비용도 만만치 않다. 그래도 살기 위해서 해야 하는데 큰일이다. 그런 것들을 계속한다는 것은 결코 쉬운 일이 아니다. 또한 정신력과 의지가 무엇보다도 중요하다. 난 너무나 열심히 살다가 보니, 몸이 밑바닥으로 망가져서 치료를 받고 있는데, 쉬운 일이 아니다. 몸이 아프니까? 우울증도 오고, 허리와 골반이 아파서 매일 스트레칭을 해야 하고 혈액순환이 안 되어서 반신

욕까지 해주어야 하는데, 직장에 갔다 와서 저녁을 먹고 그런 것들을 하니, 밤 11시가 넘어가기 일쑤다. 그래도 살겠다고 이런 것들을 하니, 때로는 웃음과 한숨이 나오고 언제 회복이 될지 모르고 있다.

열심히 산 것에 대한 결과가 이것인지. 세월이 나이를 속이지 못하는 것인지. 언제나 젊고 건강할 수 있다고 생각했어. 한의사는 그렇게 몸이 망가지도록 그냥 있었냐고 안타까워하고 있어. 빨리 회복하기 힘들다고 혀를 쯧쯧~ 차면서 한숨을 쉬더라고.

언니는 열심히 살아서 그나마 33평짜리 집이 있고, 원룸도 두 채나 있어서 그것들을 월세 받으니, 하루 빨리 직장을 그만두고 몸 관리하는 것이 우선이야. 그리고 언니 말마따나 남편하고 여행이나 다녀. 손과 발이 되어주는 착한 남편이 있어서 그나마 다행이야.

난 남편도 없잖아. 난 가지고 있는 것이라고는 몸과 정신력 밖에 아무것도 없어. 이제는 정신력마저 더 이상 못 버티겠다고 나를 마구 유혹하고 있어. 성윤아 힘들지, 그만 쉬어, 그만 자, 다음에 책 읽고, 지금 몸이 중요해, 다음에 좋아지면 그때 한문 공부하라고 말이다. 열심히 산다는 것이 최고하고 생각했어. 미련하게 말이야. 후회하지만 이 상황을 받아들이는 것 밖에 없는 것 같다. 언니도 나중에 후회하게 돼. 때로는 그냥 눈을 감고 싶을 때도 있어.

언제 또 만날지 모르는 언니가 떠나는 뒷모습에 발길이 돌아서지지 않는다.

- 2018. 5. 1.

고난은 기쁨의 전령사 외 1편

이 기 화

초등학교를 졸업하고 벌어서 공부를 해보겠다고 동네 친척이 운영하는 요꼬공장(70년대에 그렇게 부름. 편직공장)에 들어갔다. 스웨터 짜는 기계 1대에 실 감는 기계와 재봉틀이 한 대씩 있었다. 나는 14살 어린 나이라고 실 감는 것을 하게 되었다. 한 달이 지나고 몇 달이 지나도 월급을 주지 않는다. 옷은 동네 사람이 사가고 다 팔리는데 언제 주려나 하고 기다려도 마찬가지다. 문을 닫는다며 기계도 팔았다. 6개월이 지나고 결국 빈손으로 나오게 되었다. 안 되겠다 싶어 나도 식모살이를 가야겠다며 어머니한테 갈 곳을 구해달라고 얘기를 해놓았다.

장사하는 친척 집에 식모살이를 하러 갔는데 며칠 만에 쫓겨났다. 이유인즉슨 시골집에서 하던 것이 도시에서는 맞지 않아서인지 울화통이 터져 집으로 돌려보냈다고 했다. 잘 가르쳐서 일을 시키면 될 텐데 주인아주머니가 급한 성격이었나 보다.

며칠 후 먼 친척 언니가 서울 수유동에 사는데 식모를 구한다고 해서 갔더니 내가 있을 곳에 이미 식모가 와있었다. 둘째 집에 있다가 거긴 있기 싫다고 해서라고. 할 수 없이 내가 그곳으로 가게 되었다. 그날이 1973년 2월 마지막 날이었다. 한 달에 3천원 받는 식모

살이가 시작되었다. 2월인데 고무장갑도 없이 찬 수돗물에 빨래를 하고 연탄불에 밥을 해야 되었다. 식구는 할머니. 주인부부, 남매 아이들, 조카 1명(대학생), 모두 6명이었다. 빨래하는 것이 손이 얼마나 시린지 칼로 베이는 아픔이 몰려왔다. 그렇게 겨울이 가고 봄이 왔다. 봄이 가려할 때 수유동 식모가 그만두어 처음에 있기로 한 그곳으로 가게 되었다. 청소, 빨래, 밥을 하고 주인아줌마가 반찬을 하면 거드는 일이었다. 식구는 부부, 4살짜리 아이 그렇게 세 식구였다.

그런데 어느 날 큰 사건이 터졌다. 언니가 건너 집에 사는 친구랑 같이 쇼핑을 다녀오겠다고 친구 집 4살배기 아들을 잘 보라고 신신당부하고 갔는데 눈 깜빡 할 사이에 보이지 않았다.(자주 문을 열 수 있어 혼자 나감) 찾으러 가려는데 윗집 식모가 창문으로 내려다보며 하는 말이 '엄마가 데리고 가던데.' 한다. 엄마가 아이가 나오니 데리고 갔나 보다 하고 마음 놓고 집안일을 하고 있었다. 저녁 가까이가 되어서 언니가 혼자 들어오면서 하는 말이 '성화는?'하는 것이 아닌가. 나는 놀라서 같이 데리고 간 것이 아니냐고 하다가 깜짝 놀라 언니와 흩어져서 이리저리 찾으러 다녔다. 잘 가는 가게를 가 봐도 없다.

한참 후에 언니가 성화를 데리고 왔다. 연탄집게로 머리, 몸 등을 사정없이 얻어맞았다. 남의 귀한 아들을 잃어버릴 뻔했다는 죄목이었다. 결혼하고 아이가 없어 이혼까지 결심하고 있을 때 여러 해 만에 아이가 들어섰던 것, 그렇게 얻은 아이였는데 얼마나 화가 났을까 그 마음은 납득이 갔지만 서럽고 아팠다. 윗집 식모 말을 믿지 말았어야 했었다. 그랬다면 얼른 찾아왔을 테고 맞지도 않았을 것 아닌가 억울

했지만 누구에게 하소연할 것인가.

또 이런 일도 있었다. 짚불로 군불을 때는 내 방이 새벽이 되면 방바닥이 식어 추웠다. 이불은 군용이불인지 군복색 자루 같이 되어있는 것인데 얇았다. 자다가 하도 추워 방바닥을 만져보니 얼음처럼 차갑다. 옆 서랍장 위에 쌓여있는 이불을 보았다. 꺼내서 덮고 다시 잠을 청하였다. 아침에 무슨 일이 일어날 거라고는 상상도 못한 채.

큰 소리로 고함치는 소리에 잠이 깨었다. 손님용 이불을 덮었다는 것이다. 즉시 이불호청 뜯어 빨고 하루 종일 욕바가지를 퍼부었다. 식모살이가 얼마나 고되고 힘든 일인지를 몸소 느끼었다.

1998년 가정폭력으로 집을 나와 있을 때, 3개월은 쉼터에서 있다가 가정부(식모가 가정부로 바뀜)로 들어가게 되었다. 출판사 편집을 하던 경력이 있었지만 원하는 자리를 찾고 있을 여유가 없었다.

직업소개소에서 소개받고 김치공장 회장님 댁엘 가게 되었다. 여자회장이 시어머니이고, 며느리, 관리인 1명 아들은 지방에서 김치공장을 운영하면서 주말이 되면 서울로 올라왔다. 일선에서는 물러났지만 시어머니가 코치는 하고 있고 회장님 말씀이라면 벌벌 떨고 있었다. 아침엔 기사와 관리인을 차례로 불러 앉혀놓고 혼쭐을 내고 며느리도 수시로 불러 소리를 질렀다. 때마다 국, 찌개가 바뀌어야 되고 나물 3가지 다른 반찬 여러 개 해서 반찬이 10가지가 넘어야 되었다. 새벽 일찍 일어나 아침식사를 준비하고 청소하고 나서 100평 넘는 2층집을 청소해야 했다. 화장실이 4개인 줄 알았는데 5개였다. 복도가 길게 늘어져 있는 곳에 탁자가 있고 거실에도 사방으로 서랍장이 놓여 있었다. 여행갈 때마다 사온 천 개가 넘는 기념품들이 얼마나 많은지 빼곡히 들어차 있었다. 그것들을 물행주로 먼지를 닦으라는 것이었다. 시간마다 그걸 닦는 일이 보통이 아니었다. 저녁에 시어머니가 오면 큰 소리가 난다. '아줌마~.'하는 소리가 벼락소리다. 카랑카랑한 경상도 말로 나를 앉혀놓고 쏘아댄다. 기념품을 안 닦았냐고 닦달하는 것이다. 환기 시킨다고 문을 열어놓으니 먼지들이 올라 앉아 있었던 것.

다음 날도 또 그 다음날도 그 일이 반복 또 반복이었다. 나도 꾀를 하나 내었다. 아예 사기로 만든 것을 물로 씻고 말리며 환기도 잠깐만 시키고 문을 닫고 먼지가 앉지 않게 하는 것이다. 그 다음부터는 뭐라고 하지 않았다. 1달에 2번 쉬라고 하지만 쉬지 않고 일은 계속 되었다. 새벽부터 밤늦게까지 일을 하고 나면 손가락이 퉁퉁 부었다. 어느 날은 가게 가서 두부를 사올 일이 있어 밖에 나갔다가 눈이 부셔서 눈을 뜨기가 어려웠다. 해를 너무 오랜만에 봐서 그랬던 것이었다. 지금생각 하면 쉬는 날은 나가서 쉬지 바보같이 왜 쉬지 않았을까 후회가 되곤 했다.

회장님께서 나를 부른다. 이유는 묻지 말고 그만두라는 것이다. 며느리한테 이유를 물으니 큰 사위가 바람을 피우는데 걸렸다는 것이다. 하루 외박하고 왔는데 장모네서 잤다고 둘러 댔다는 것, 그런데 나를 의심하고 있다는 것이다. 전 날에는 그 사위가 장모네 오지도 않았고 다른 데서 자고 거짓말로 둘러댔던 것이었다. 나는 괜한 오해를 받고 그 집을 나오게 되었다. 그때 억울했지만 잘 쫓겨났다. 나를 기다리던 좋은 곳이 나타났기 때문이었다.

두 번째도 소개비를 내고 직업소개소에 가서 일자리를 제공 받았다. 두 부부, 4살 박이 딸아이 한 명 있다고 했다. 신당동에 있는 현대아파트였다. 집이 42평이라 먼저 집보다는 훨씬 작았다. 주인집 아주머니가 인상이 참 좋았다. 직업소개소에서 내 나이가 좀 더 많아야 된다고 했기에 2살 더 얹어서 43세를 만들어놓고 면접을 보았다. 합격이다.

안주인은 대학에 출강을 하고 있었고 남편은 연구소에서 연구원으로 일하고 있었다. 주유소도 많이 갖고 있고 시골에 젖소와 돼지도 많이 키우고 있다고 했다. 두 부부가 하버드대학을 나왔고 인재였다. 안주인과 참 친하게 지냈다. 나를 인격적으로 대해 주었고 마음도 참 편하게 해주었다. 4살 먹은 여자 아이와도 친구처럼 지냈다. 얼마나 나를 좋아하면 아빠와 엄마에게 그렇게 하면 '아주머니한테 이를 거야.'라고 했던가. 내가 쉬는 날 병원이나 자녀를 만나러 가면 서비스로 5만원씩 준다. 손님이 와서 그릇이 많이 나오면 식기 세척기를 돌리라며 배려도 해주었다. 호칭을 사장님과 사모님으로 바꾸어 부르기로 했다. 새벽예배에 가서 내가 없어지면 '아줌마가 없다'고 찾기도 했다.

IMF 때 사장님이 명예퇴직을 하셨다. 딸을 앉혀놓고 아빠처럼 살지 말고 엄마처럼 살라고 말씀을 하셨다. 내가 얼른 '사장님이 잘못해서 명예퇴직한 게 아닌데 왜 틀리게 말을 하느냐?"고 말을 했다. 사모님 친정어머니가 맛있는 걸 해오실 때가 있었다. 음식을 받기만 하는(하긴 용돈과 생활비도 드리긴 함) 그 모습을 보고 어머니께 이제는 맛있는 걸 만들어 드리자고 했다. 이것저것 만들어 바리바리 싸서 친정어머니께 드리라고 보내면 다녀와서는 모처럼만에 아줌마 덕분에 딸 노릇 제대로 했다며 고마워했다.

어느 날은 사모님이 아이 방에서 아이하고 자려고 하기에 젊은 부부가 떨어져 자면 안 된다고 얘기해 주었다. 시간 나는 때마다 성경을 읽고 기도하는 중에 사장님이 부르신다. “우리 집 귀신이 많으니 기도 좀 많이 해주세요.”라고 하신다. 예수를 믿지도 않으시며 그렇게 말씀을 해주시니 얼마나 감사한지 모른다. 사장님의 아버지가 돌아가시고 딸 둘은 부모 집 한 채를 나눠서 갖고 아들은 재산을 많이 물려받았다. 그래서 결혼하지 않은 딸은 토라져 오빠를 등지고 있었다. 남매를 위해 간절히 기도하는 중 주님이 지혜를 주셨다. 사모님께 묻지도 않고 배추김치와 잡채 그리고 나물 몇 가지를 재료로 준비했다. 장을 볼 때마다 금고열쇠를 열고 돈을 꺼내 장을 보고 영수증을 그곳에 넣어 놓으면 되었다. 기도하며 정성들여 맛깔스럽게 준비하여 통에 담고 사장님의 여동생한테 전화를 걸었다. 내가 누구인데 음식을 만들었으니 가면 문을 열어 달라고 미리 말하고 방문하여 전달해 주었다. 여동생이 오빠나 언니가 시켜서 한 거냐고 묻는다. 그냥 하고 싶어서 한 것이라 대답하고 왔다. 그 일이 있고 남매는 화해를 하였고 여동생에게 경제적으로도 도움이 되기에 이르렀다. 주님이 나를 도구로 써주시며 주님이 화해를 시켜주신 거다. 화해하기를 바라고 기도를 했던 것이 응답이 되어 참으로 감사했다.

여유가 좀 생겨서 친정에 맡겼던 아이들을 데려오게 되어 그 집을 떠나게 되었을 때 주인아주머니가 “오래 같이 있기로 했잖아요, 이렇게 빨리 가면 어떻게 해요.” 하고 섭섭해 했다. 그 댁 가정부를 그만두기 전에 민병덕 교수님께서 전화를 하셨다. 출판사 편집장을 구하는 데가 있으니 전화를 해보라고 하시어 면접을 보고 합격이 되었다. ‘일주일 이내에 올 수 있느냐?’고 해서 ‘지금 있는 직장에 사람을 구하게 되면 오겠다.’고 약속을 하였다. 한 달이 거의 다되어서야 사람을 구하게 되어 출판사에 못 가게 되어 아쉬웠지만 편리를 봐드리고 그만두게 되어 다행이었다. 편집장으로는 못 갔지만 후회는 없다. 선한 사람들이 사는 집에서 인간대접을 받고 복을 받았기 때문이다. 복지단체에 근무하게 되었고 사모님과 딸이 나를 보고 싶다고 해서 사무실에 와서 메킨토시 컴퓨터도 기증을 하고 갔다. 그분들이 어떻게 지내는지 보고 싶다. 참 아름다운 사람들.

주일학교 교사를 하면서

이 기 화

오늘 문득 여러 해 전에 주일학교 교사하던 생각이 떠오른다. 학생들이 결혼도 하고 부모 된 사람도 있건만 학생들의 모습이 생생하다. 반 아이들과 VIP에서 저녁을 먹는다. 미리부터 반 학생이 100% 교회에 나오면 회식을 시켜주겠다고 약속을 했기 때문이다. 오늘이 바로 그날이었다. 빕스에 온 것은 처음이다. 빕스 음식이 비싼 만큼 맛도 있었다. 기십 만원이 나왔어도 하나도 아깝지가 않았다. '선생님' 하고 반 학생들이 부르면 얼마나 기분이 좋던지. 반 학생들이 신앙생활을 잘해서 복을 받기를 바랐다.

주일학교 교사로 처음 점을 찍은 것이 유년부였다. 다음에 맡은 반은 중3 여학생이 있는 반을 맡게 되었다. 평소에 요셉을 좋아 하던 터라 중 학생들에게 요셉이 어떠냐고 물으니 학생들도 좋다하여 반 이름을 요셉반으로 정했다. 교육전도사님과 교사들이 공과 책을 보고 먼저 익히고 토론도 하고 혼자 공부를 하여 학생들에게 가르치는 것인데 성경지식을 많이 알지 못하여 해프닝이 벌어지기도 했다. 노아의 방주를 큰 배가 아닌 방주(가뭄 때 논에 물을 대기 위해 물을 가두어 둠)라고 아이들에게 잘못 가르친 것이다. 완전 퇴출감인데 학생들이 반박도 안하고 넘어가 준 것이다.

언젠가는 이런 일도 있었다. 헌금 특송을 반끼리 돌아가면서 하는데 우리 반도 차례가 되었을 때 학생들 보고 '뭐하고 싶으냐?'고 물어보니 '징글벨'로 하잔다. 신나게 부르고 나니 예배 후에 교육 전도사님이 사무실로 호출을 한다. 헌금 특송은 복음성가나 찬송가에서 해야 된다고 하셨다. 캐롤을 헌금송으로 하면 잘못된 것이라는 걸 그때서야 알았다. 얼마 지난 후에 노아의 방주는 그 방주가 아닌 큰 배라는 것을. 그 이후로는 사전도 찾아보고 성경공부 준비를 철저히 했다.

어떤 날은 이런 날도 있었다. 교사들 회의시간에 출석하지 않는 아이들에게 전화통화와 심방에 대해 의견을 나눠보고 실천은 얼마나 했는지 의견을 나누던 중 내가 전화통화와 심방을 제일 많이 한 것으로 집계가 되었다. 전화를 해보고 안 받으면 집으로 심방을 간다. 공과공부 안하고 도망가면 집에 가서 공과를 가르쳤다. 어느 날은 전도사님이 내게 충격적인 말을 전했다. 아이들이 나 때문에 교회에 오기 싫다고 한다는 것이 아닌가? 이유는 전화를 너무하고 심방을 자꾸 해서란다. 전도사님이 좀 자제하라 하는데 잘되지 않았다. 새벽예배 때 열심히 기도하고 오면 오지 않은 아이들 심방을 가라고 주님이 지시를 하신다.

아름다운 경치가 있는 달력의 뒷면에 반 아이들한테 편지를 쓴다. 힘이 되는 렘 33 : 3절 말씀 "너는 내게 부르짖으라. 내가 응답하겠고 크고 비밀한 일을 네가 알게 하리라." 말씀과 함께 선생님이 너를 위해 기도한다는 것도 써 넣었다.

교사하면서 고난도 있었지만 보람 있는 일도 있었다. 몇몇 학생이 떠오른다. 그 학생들을 적어본다. 한 사건이 있었다. 어느 날 A학생이 B학생 때문에 공과 공부에 가지 않겠다고 선언을 했다. B학생은 예배시간에 떠들고 의자 걸이를 탁탁 치는가 하면 공과시간에 아예 드러누웠다. 아무리 타일러도 듣지를 않아 윽박지르고 혼내야 되나 하다가 기도하기로 했다. 새벽기도 때 울면서 주님께 기도했다. 날이 가고 달이 가고 그런데 주님이 지혜를 주셨다. 단점이 있어도 그걸 크게 보지 않고 "사랑은 허다한 허물을 덮느니라."라고 주신 말씀처럼 더 칭찬을 해주며 편지도 써서 건네었다.

요새 소위 말하는 일진이 그 학생이라고 얘기해주는 사람도 있었다. 문제 학생이라 여기던 학생의 어머니는 나한테 선생이 말이 많다고 하더라는 말을 해서 힘들게 했다. 사탄이 주님 일을 못하게 막는구나 하고 더 기도를 늘이고 말씀을 더 많이 묵상했다. 어느 날 교회에 가고 있을 때 그 학생이 저쪽에서 걸어오고 있었다. "네 집이 그쪽이 아닌데 왜 거기서 오니?" 하고 물어보니 "친구를 데리러 갔다 왔어요."라고 한다. 그날은 못 데려 왔지만 다음에 꼭 같이 오겠다고 했다. 학생이 차분해지며 주님이 인도해주고 계시는 걸 느꼈다.

그 학생 어머니는 나를 볼 때마다 선생님 잘 만나 아이가 많이 변화 되었다며 칭찬이 자자했다. 고등학교 들어가서 보컬 활동을 하고 가을 콘서트를 한다고 학생의 어머니께서 알려 왔다. 꽃다발을 사서 콘서트장에 갔다. 가수 빰치게 노래를 너무 잘한다. 새가 모이를 쪼아 먹듯 그 학생이 데려오는 학생이 한 사람이 두 사람, 두 사람이 네 사람, 날이 갈수록 교회로 새로 오는 숫자가 자꾸 늘어가더니 열 명 미만이던 반이 연말에는 25명까지 늘었다. 우리 반은 부흥상 그 학생은 전도왕 상을 수상했다. '참아 기다리라'는 주님의 말씀에 의지하길 참 잘했다는 생각을 하며 기쁨이 넘치고 감사가 넘치는 순간이었다. 지금은 교회에서 찬양사역자로 찬양인도를 하고 있다.

딩동딩동 "OO야, 일어나.", "예 선생님." OO가 씻는 동안 문밖에서 기다린다. 10분 뒤에 말끔한 모습으로 주일마다 나의 일과는 그렇게 시작된다. 어느 날 갑자기 "선생님 드릴 말씀이 있는데요." 언뜻 안 온다고 하면 어쩌나 하는 걱정이 잠시 스쳐지나간다. "응, 말해.", "이제 저희 집에 오지 않으셔도 됩니다." 어안이 벙벙한 나에게 들리는 소리는 "이제부터는 제가 스스로 일어나서 예배드리러 오겠습니다." 안도의 한숨이 쉬어졌다. 발걸음이 리듬을 타며 저절로 미소가 지어진다.

그날이 깨워서 같이 예배드렸던 3개월째 되는 날이었다.

"너네 엄마 왔다."

중학교 복도 밖에서 기다리고 있는 내 귀에 들리는 소리다. OO가 있는 교실이 맞느냐고 하다가 OO에게 반 친구가 하는 말이다. 종례식이 끝나고 나오는 걸 공원으로 가서 간식 먹자며 벤치에 마주 앉아 가지고 간 김밥을 주니 맛있게 먹는다. 김밥을 주니 주일학교 교사인데 맡게 된 반에 OO가 있고 새 학년으로 올라가서 축하한다며 이런저런 얘기하다가 안고 통성기도를 해주었다.

처음 반 명단을 받고 오지 않는 학생을 몇 반인지 같은 학교 같은 학년에 다니는 학생에게 사전 조사를 했으며 집에 전화하니까 믿지 않는 어머니께서 전화하지 말라며 화를 내며 소리 지른다. 그래도 계속 전화하며 반 학생들과 피자를 사먹고 남은 것을 싸서 그 학생에게 가져다주었다. 어머니께서 하시는 말씀인즉슨 전화는 몰라도 학교에 왜 찾아갔느냐고 교회에 항의를 해야겠다고 호통을 치신다.

그 학생이 중3 때다. 여자학생들로 구성된 반을 맡게 되었다. 그

반이름을 요셉반으로 정했다. OO에게 찬양대에 참여를 권하던 내게 하는 말, 친구를 데려 오려면 같이 교회에 와야 되는데 찬양대는 일찍 와서 연습을 해야 하니 전도를 할 수 없다는 것이었다. 그 말이 맞았다. 그녀는 친구를 곧잘 데려왔다. 신앙생활을 착실히 하여 꾸준히 상반을 해서도 빠지지 않고 청년부에 가서도 조 리더에, 청년부 예배에 찬양단 리더 싱어로 활약하였다. 기타를 배워 연주하면서도 찬양을 주님께 올려 드렸다. 그러더니 주님의 뜻이 닿았는지 신학교에 들어갔다. 열공하며 졸업하여 타 교회에서 전도사로 임명이 되어 사역을 잘하고 있다.

"태형아 사랑한다." 수련회에 가서 강단에 나가서 내가 하는 말이다. 신앙 생활을 챙기지 않아도 잘하는 사람은 손이 덜 갔다. 칭찬해줘야 하는데도 겉으로는 표현 안하고 잘되기를 기도한다. 아픈 손가락인 태형이는 정신적으로 장애가 있다. 예배에 오지 않고 자꾸 빠지려 해서 심방을 가서 같이 교회에 데려다 놓으면 가방을 놓고 가기도 하고 교회 대신 PC방에 가기도 했다. 수시로 심방을 가다보니 어머니와도 친하게 되어 엄마가 교회에 나오게 되었다.

유년부 맡을 때 제일 보람이 컸던 일이 그 해에 있었다. OO에게 "너는 커서 뭐가 되고 싶니?"하고 물어보니 그 아이가 하는 말, "선생님이 되고 싶어요."라 말해, "학교 선생님?"하고 묻는 나에게 "아니요. 교회 선생님요."하는 것이 아닌가. 참 보람을 느끼게 하였고 더 잘해야 되겠다는 사명감을 불타게 하는 계기도 되었다.

학교 선생님이 되고 싶어 사범대를 목표로 하고 공부한 적이 있었다. 중·고등학교 시절엔 상위권을 달렸지만 만학에다가 하루에 10시간씩 직장생활하며 잠을 줄여 가며 대입공부를 한다는 것은 쉬운 일이 아니었다. 부모 보살핌 속에서 학원 다니며 공부에만 전념하는 학생들이 그렇게 부러울 수가 없었다. 시험을 치르고 합격자 발표 날을 기다렸으나 떨어졌다. 아쉬웠지만 선생님이 되는 길을 접어야 했다. 나이 40이 넘어 교회교사로 주님이 합격을 시켜주셨다. 그렇게 교사가 되고 싶은 내게 교사 꿈을 이루어 주신 것이다. 시간과 물질을 드리고도 하나도 아깝지가 않고 오히려 재미있고 감사가 넘쳐났다.

유년부, 중3은 3번 중2, 중1, 고2는 2번, 장기결석자반을 맡았었다. 생일 때는 책을 사서 한 권씩 선물로 줬다.

주님께 너무 감사하다. 교사하면서 알게 된 박미성 전도사님, 정유경 선생님을 지금도 친하게 지내고 한용 장로님과도 기도 동역자가 되었다. 내가 맡았던 반 학생들이 형통하기를 기도한다.

부활을 믿으십니까? 외 1편

서 달 희

선생님은 부활을 믿으십니까?

네, 믿고 있습니다. 하느님께 감사하며 기도하고 살고 있으니 당연히 부활신앙을 갖고 있습니다. 이 세상에서의 삶은 잠시 머물다 창조주 하느님께 돌아가는 여정일 뿐이라고 생각합니다.

하지만 회장님, 먼 훗날 세상 끝 날에 다가올 부활을 염원하기 보다는 머지않아 다가올 내세에서의 평화를 갈망하고 있습니다.

2016년 10월에 수필문학 추천작가회 연차모임으로 강릉을 갔을 때이다. 경포대둘레길이 걸을 만하다고 하여 겁도 없이 대열에 끼었다. 그러나 나는 가면 안 되는 길이었다. 무릎을 다친 지 2년여가 넘었지만 아직은 절뚝이며 걸을 때인데 평지라는 말에 최학용 선생님과 동지 삼아 합류하였다.

그런데 오산이었다. 가도 가도 끝이 보이질 않고 거의가 오르막 내리막 계단이었다. 얼마나 힘이 들던지 걷다가 주저앉아 쉬기를 반복하였다. 최 선생님도 나만큼이나 힘들어하며 이미 보이지 않는 일행들을 쫓아가려고 안간힘을 썼다. 그 와중에도 포물선을 그리며 하얗게 부서지는 파도를 보라고 한다. 나는 앉았다 일어서기도 힘이 들어서 내 눈에는 그 멋진 포물선도 보이질 않는다고, 바다를 바라볼 여유가 어디 있느냐고 퉁명을 떨었다. 그리고는 그런 상황이 우스워 둘이 깔깔대며 웃었다. 버스에서는 일행이 출발을 못하고 있고, 강석호 회장님은 승용차에서 우릴 기다리고 계셨다. 단체에게 불편을 준 것이 미안해서 고개를 못 들 지경인데 차에 오르자 회장님께서 신앙적인 이야기를 하시며 선생님은 부활을 믿으십니까? 하고 물으셨다.

2016년 『모니카의 낙서 장』이 인쇄에 들어가기 전에 수필문학사에 들렀다. 마침 회장님도 계셔서 뵈올 수가 있었다. 이미 퇴고가 다 끝났던 원고인데 뭉치 째 가져다 놓고 보고 계셨다. 「우리 집 옥상에서의 해맞이」라는 글에 아들을 학원에 안 보내서 결국은 재수학원에 다닌 이야기를 읽으시며 아들을 학원에 안 보냈느냐고 서너 번을 되뇌셨다. 나는 제도적으로 막아서 보낼 수가 없었고, 엄마가 극성맞지 못해서 다른 엄마들처럼 비밀과외도 안 시켜서 재수까지 하였다고 당연한 이야기를 쓴 것인데 그 이야기를 의미 깊게 읽으셨다.

또 서문에 4살 된 아이가 수술 도중에 천국에 가서 생전에 만나지 못한 누나와 할아버지를 만나고 온 이야기가 너무나 감동이 되어 나도 천국에 가면 어린 천사들, 요한이와 라파엘을 만날 수 있다는 희망을 가지고 살아간다는 것이 너무 행복하다고 적은 것을 보시면서도 깊이 생각하시는 듯하였다.

지금도 회장님의 퇴고로 빨간 볼펜으로 밑줄이 쳐진 원고를 보며 죄송스럽게도 제대로 감사의 인사도 못 드리고 책이 출간되고 그 후에도 인사를 못 했는데 하늘나라로 떠나셔서 두고두고 아쉬움으로 남게 되었다.

세미나장소에서 뵐 적마다 참석하시는 게 너무나 감사하였다. 그렇지만 우리들보다 늘 먼저 떠나시는 게 안타까워서 인사라도 드리고 싶은데 인사하는 것까지 이상한 쪽으로 몰아가는 분위기가 느껴져서 이해가 안 되었다. 미풍양식인 우리네 풍습인데 너무나 안타깝다는 생각이 들었다. 이젠 영원히 모습을 뵐 수 없다는 현실에 눈앞이 흐려온다.

6년 전 쯤 인지, 1년 만에 뵈었는데 많이 여윈 모습을 보고 깜짝 놀랐다. 일주일에 서너 번이나 투석을 받으신다고 하였다. 마음이 무척 아팠다. 그때부터 아침 기도를 할 때면 여윈 모습이 떠올라서 기도가 되었다.

8월 30일 카톡으로 들어온 부음소식을 접하고 순간, 임종을 못한 친정아버지가 생각나서 망연자실 말문이 막혔다. 회장님, 기어이 가시는군요. 그래도 한 달여 전, 양평에서 뵈었던 것이 그나마 위로가 되었다. 영전에 엎드려 마지막 인사라도 하고 싶은데 그때 마침 양평 파크골프장에 단체로 가 있어서 발만 동동 굴렀다. 경기 도지사배 경기고 뭐고 다 포기하고 되돌아가고 싶은데 차편이 없었다. 그날은 파크골프가 원수처럼 느껴졌다. 거기다가 첫날은 비까지 내려서 2일간의 경기를 하루로 줄이고 심난한 마음으로 건성건성 치고 말았다.

집에 돌아오자마자 나바위 성당으로 달려가서 강석호 회장님을 위해서 전대사 기도를 바쳐드리고 나니 슬프고 허전했던 마음이 가라앉고 행복한 마음으로 회장님을 떠올리게 된다.

강석호 회장님! 병마로 짓눌렸던 육신을 벗어버리고 깃털처럼 가벼운 영혼으로 영원한 생명을 누리소서. 우리 어머니를 꿈속에서 만나는 것처럼, 회장님 모습도 꿈에서라도 뵙기를 희망합니다.

- 2018. 11. 서달희 모니카 올림

고모를 재촉하듯 꿈에 보이다

서 달 희

어린 조카 요한이가 떠난 지가 50여년이 지났다. 하늘나라로 떠나고 난 후 10여 년은 자주 꿈에 만나곤 하였다. 산소에 묻은 지 얼마가 되지 않았을 때에는 너무 보고 싶어 나도 빨리 죽으면 좋겠다는 생각이 들었다. 하늘나라에나 가야 만날 수 있다는 생각이 들었으니까.

꿈을 꾼 날이면 언제나 좋은 일이 생겼다. 잠자기 전에라도 좋은 일이 있었다. '열 살 때까지 저를 돌보아준 것에 대한 보답일까?'하는 마음이 들 정도로 자주 꿈을 꾸었고 그때마다 좋은 일이 있곤 하였다. 그 후 40여 년은 한 번도 꿈을 꾼 적이 없었다. 하늘나라에서 우리를 위해서 기도해 주고 있었을 것이다.

요한이가 아기일 때 오빠가 광주로 고등군사교육을 받으러 가셨다. 6 개월 동안의 교육 기간 중에 3일이 멀다하고 편지가 날아왔다. 대개는 위로를 하는 편지였으나 아들의 앞날 때문에 깊은 근심에 싸인 내용들이었다. 3일에 한 번씩 오는 우체국 집배원이 하루는 "서요한이란 분이 이 분하고 어떻게 되십니까?"하고 물어볼 정도로 어린 아들의 이름으로 편지가 왔다. 돌이 가까워도 일어나지도 못하고 누운 채로 지내는 아들에 대한 걱정으로 가득 찬 편지였다. 한 번 일어나지도 못하고 10여 년을 그렇게 지내다 떠났었다.

오빠가 작년 9월에 돌아가셨다. 93세에 돌아가실 때까지 먼저 간 아들 요한이를 늘 가슴에 묻고 계셨다. 오빠영정 앞에 엎드려서 첫 마디가 “오빠! 요한이를 만나셨나요?”했을 정도로 오빠도 나도 요한이를 가슴에 묻었었다.

돌아가셨을 때는 전대사기간이 아니었기 때문에 안타까웠다. 언제나 전대사기간이 되어서 오빠영혼을 위해서 기도를 해드릴지 까마득하기만 하였다. 아무리 신앙 안에 살다가 죽었어도 순교로 목숨을 바친 영혼이 아니고서는 바로 하늘나라에 갈수는 없을 거라는 생각이 늘 들었다. 평소에 고백성사로 잘못을 사함 받았다고 하지만 잠벌이 남아있고 그만큼 연옥에서 정화되고 후손들의 기도가 보태져야 천국에 들 수 있으리라는 믿음으로 전대사 기도를 하고 있다. 그래도 복이 많으신지 돌아가신지 2 개월 후에 프란치스코 교황님께서 한국교회에 전대사를 선포해 주셨다. 평신도의 날 100주년이 되는 해를 기념해서 전대사기간으로 정해주셨기 때문이다.

더 급한 영혼들에게 기도해드리러 다니느라 오빠가 조금 뒤로 밀렸다. 실은 조카딸이 11월에 아버지 전대사를 해드릴 거라고 해서 마음이 급하지가 않았었다. 11월 한 달이 우리 한국 가톨릭에서는 영혼들을 위해서 기도해 드리는 달이다. 11월 8일 안에 돌아가신 가족의 영혼을 위해서 미사에 참석하고 산소에 가서 기도해 드리면 그 영혼은 하늘나라에 갈 수 있다고 한다. 그래서 조카딸에게 신신당부를 했었다. 언제 전대사기간이 될지 모르니 아버지를 위해서 산소에 다녀오라고, 시간 내서 꼭 다녀오겠다고 했었기 때문에 나는 서둘지를 않았다.

그런데 요한이가 꿈에 보였다. 어머니 오빠까지 보였다. 이튿날에도 오빠와 요한이 꿈을 또 꾸었다. 아빠 기도를 해달라고 느긋한 고모를 재촉하는 것 같았다. 하늘나라에서 아버지를 만나고 싶은데 무엇인지 걸림돌이 있어서 만날 수 가 없나보다고 생각이 되었다. 조카딸에게 전화를 해서 아버지 기도해드렸는지 물으니 회사일이 바빠서 가지 못했다고 한다. 우리 오빠는 을지무공훈장을 타신 국가유공자이시다. 산소가 서울 현충원이기 때문에 멀어서 더 못 갔을 것 같다.

요한이가 두 번이나 꿈에 보인 이유를 알 것 같아서 더 지체하지 않고 집에서 15키로만 가면 되는 가까운 나바위 성지에 가서 전대사 기도를 해 드렸다. 2년 전 기도하러 다닐 때만 해도 거리에 상관하지 않고 다녔는데 올해는 먼 곳은 부담이 된다.

어릴 때 떠난 요한이가 아버지를 만나서 얼마나 기뻐했을지 눈에 보이는 듯하며 나까지 행복한 마음으로 충만해진다.

하느님, 언제나 꿈을 꾸어서 영혼들을 위해서 기도하게 해주시니 감사하고 감사합니다. 박경원 라파엘의 치유를 위해서 기도할 때에, 전대사기도를 알게 해주셔서 시작된 영혼들을 위한 전대사기도, 오직 사명으로 알고 지정 성지에 다닙니다.

수필집 『까치가 다시 올까』 첫 장에 「요한이가 보고 싶다」 '에 실려 있는 글 중에서

– 2017. 12.

사위 · 1 외 1편

안 경 환

즐거운 설날이다. 아들딸 사위 며느리 모두 모여 하하 호호 웃음꽃이 핀다.

큰사위는 장가온 지 10년이 넘었다. 이제는 처가에 적응도 잘한다. 처음 큰딸이 남자 친구가 생겼다고 소개하는 자리를 마련했다. 그 남자 친구는 큰 키에 깡마른 몸매를 하고 밀리터리룩이라 일컫는(얼룩무늬) 사파리를 입고 나타났다. 양복 정장을 하고 핸섬한 젊은이를 기대한 첫 대면은 애초에 글렀다. 예술을 한답시고 꼬랑지 머리를 안 한 것만도 감사해야 할 일이다. 내적으로는 패션을 디자인 하고 활동하는 범위도 다양하다.

어느 해 명절 정장을 입고 딸 내외가 나타났다. 꾸깃꾸깃한 양복은 장속에 처박아 두었다가 갓 꺼내어 입은 몰골이었다. 불편하다는 이유로 변변한 양복도 한 벌 없다. 이번 설날에는 한복을 입고 왔다. 너무 편하다고 사위는 앞으로 평상복으로 입고 싶다고 한다. 더 두고 볼일이다. 진정 자유로운 영혼이다. 개구리복은 지금도 여전히 현재 진행형이다. 둘은 처음 인디밴드를 결성하여 음악을 하다 눈이 맞았다고 했다. 지구상의 인구가 70억 명이라 하는데 부부의 연은 하늘이 내린다는 말이 맞는 것 같다. 어쩜 그리도 잘 통하는지 신기하다.

둘이서 만난 인연을 들어보면 더 재미있다.

큰딸은 폰이 활성화되고 친구찾기가 유행하던 때 같은 년도에 태어난 같은 이름 찾기를 했더니 성과 이름이 똑같은 남자가 친구신청을 해왔다고 한다. 갓 대학을 졸업하고 음악에 취미가 있는 그들은 "포터블 롤리팝"이란 이름의 인디밴드를 결성했다. 통기타를 메고 다니며 공연도 같이 하고 페스티벌 하는 곳을 쫓아다니면서 마음껏 젊음을 즐길 때 지금의 사위(오상)를 만났다고 한다.

어느 날 딸 생일이라고 받아온 선물이 지점토로 만든 두 사람을 표현한 인형이었다. 섬뜩할 정도로 실물과 닮아 있었는데 예술적인 손재주를 높이 사지는 못할망정 경제적인 능력을 평가하는 내가 한심해서 내 자신이 싫은 적도 있었다. 들리는 소문에는 직업도 없이 골방에 박혀 여자 친구를 기다리면서 여자 친구를 위해 노래를 만들고 기타를 두드리고 있다니 부모로서 한심한 마음은 이루 말할 수 없었다. 자라면서 한 번도 우리들을 실망시키지 않던 큰아이가 음악으로 통하고 작은 오토바이 뒤에 타고 다니는 게 신이 나서 만난다는 말에 놀라고 있는데 다니던 직장에 사표를 냈다는 소리에 가슴이 쿵하고 내려앉는 소리가 들리는 것 같았다. 자식가진 부모라면 자식의 배우자가 미래를 보장하는 반듯한 직장, 훤칠한 외모, 재력이 뒷받침하면 일등 신랑감이겠지만 그게 입맛대로 되는 일인가?

남자 친구 집에서는 장사로 살림을 일군 분들이라 둘이 같이 하고 싶은 장사(일)를 해보라고 했다면서 걱정 말라고 엄마를 안심 시킨다. 강하게 말릴 사이도 없이 상견례를 하고 가게를 얻고 전공을 살려 인테리어를 하고 인디밴드시절 이름이었던 "portable lollipop"란 간판을 걸고 옷과 소품을 판매하는 매장을 열었다. 배짱과, 용기 ,젊음이 좋긴 하다.

엄마! 엄마! 오상이 내게 청혼을 했어. 3층에 살고 있는 오상의 방문에 쪽지가 붙어 있었어…….

호야! 2층 창틀에 가봐 – 2층 4번째 계단 밑을 봐 – 1층 우체통을 봐 – 내 하늘색 오토바이 앞주머니 속을 봐 – 그런 쪽지 글을 따라가다 보니 그 주머니에서 반짝이는 키가 나왔어. 하늘색 오토바이 옆에는 덮개가 씌워진 빨간색 오토바이가 있었어! 색깔만 다른 같은 회사 제품으로 몇 개월 걸려 주문을 하고 오토바이가 손에 들어온 날 청혼 이벤트를 했다는 거였다.

둘은 야외에서 주례 없는 결혼식을 올리고 그림도 그리고 음악도 하면서 잘살고 있다. 룸펜이라고 폄하했던 큰 사위는 검소하고, 성실하며 부지런 하여 나무랄 데가 없다. 매장은 1호점 2호점……. 대리점도 늘어나고 fabric(원단)으로 제품 생산과 wood(원목) 작업도 직접 한다. 대화의 공간인 작은 cafe도 운영한다. 직장 생활을 계속 했으면 고액 연봉을 받을 수 있었다고 하는데, 후회하지 않고 지금의 삶에 만족하고 일이 좋아 일을 한다니 더 이상 토를 달수가 없다. 해외여행도 잘 다니고 빨강, 파랑 오토바이를 타고 다니면서 일도 열심히 한다. 아직도 아침에 눈 뜨면 알라뷰를 속삭이는 것으로 출발하는 딩크족 닭살 부부, 사위는 진국이다.

– 2018. 2.

나목

안 경 환

행주대교를 지나면서부터 "좌회전 하세요! 우회전 하세요!"라 하는 부자간의 대화가 가끔 들린다. 뒷자리의 옆에는 손자 부성이가 잠들어 있다. 오늘은 남자 3대와 할머니가 외출하는 날이다. 골목으로 접어들어 조그만 마을을 지나니 아늑한 곳에 "장안정사"란 오래된 작은 암자가 자리 잡고 있고 우측에는 현대식 건물이 햇살을 받아 반짝인다. 그 옆쪽 야트막한 산등성이엔 희끗희끗 잔설이 남은 눈밭에 벌거벗은 나목들이 줄지어 서있다. 곧 봄이 오면 푸른 잎을 달고 그늘을 만들어 줄 것이다.

차에서 내리니 40대 중반 정도의 정장을 한 깔끔한 두 남자가 정중히 반긴다. 자동문을 밀고 들어가니 황금색 테를 두르고 유리관 속에 하얀 항아리들이 속세의 사연들을 간직하고 이름표를 달고 들어있다. 꽃 장식을 하고 해맑게 웃고 있는 사진, 가족사진, 자식을 앞세운 절규에 가까운 편지글, 남의 글이지만 가슴에 하얀 서리가 내린다. 유족들이 남긴 글귀를 읽으면서 우리 일행들은 한 뼘의 유리관 속을 차지하고 있는 영령들에게 숙연해질 수밖에 없었다.

두 남자는 고인들의 집인 유리관을 분양하는 분양 팀이다. 우리에게 카달로그를 안기면서 빈집들을 설명한다. 건물 1층과 2층 특별실과 일반실 칸과 층에 따라서 가격이 다 다르다. 눈높이에 있는 가운데 칸은 로열층이다. 한 층의 가격이 50만원씩 차이가 난다. 비교 분석해보고 남향으로 햇볕이 잘 들고 꽃 장식을 하나라도 더 꾸밀 수 있는 사이드 쪽 하나를 계약했다.

20년 전 영면에 드신 시어머니 산소를 이장해야 하는 문제가 지난해부터 들리기 시작했다. 주택 공사에 산이 팔렸고 추석 벌초 무렵에는 번호가 씌어 진 팻말이 묘지 앞에 세워졌다고 한다. 마음이 바빠진 남편이 고민 끝에 찾아낸 곳이 영구 납골당이다. 절에서 관리해주고 우리 집에서도 아들 집에서도 가까운 거리라 만족했다.

하얀 들꽃이 흐드러지게 피고 하얀 나비가 배웅해주던 산속을 버리고 생(生)과 졸(卒)이 새겨진 유리 집을 마련하고 어머니는 자식 가까이에 거처를 옮기게 되었다. 너무 멀리 있어서 잘 가보지도 못했는데 우리 집을 산 것처럼 마음이 흐뭇해진다. 살아생전 우리 아이들 잘 건사 하고 예쁘게 잘 키워 주셨는데 이제야 마음이 편해졌다. 아이들도 할머니가 이사를 오는 것인 양 빨리 오셨으면 좋겠다고 한다.

생(生)과 사(死)는 종이 한 장 차이다. 아웅다웅 살다가 모든 것 다 내려놓고 가는 길 아무것도 아닐진대……. 남편은 웃으면서 우리 둘이 갈 것도 마련해놓고 갈까한다. 씁쓰레한 마음으로 아직은 했지만 사람 일은 아무도 모른다는 것이다. 추모관을 나서는데 2월의 칼날 바람이 한 줄기 가슴 속을 휘돌아 친다. 인간도 젊음이 다하면 저기 서있는 나무처럼 나목이 되겠지? 어머님의 마지막 모습이 떠올라 눈시울이 뜨거워진다.

큰 딸이 할머니는 우리가 정말로 보고 싶었나 보다, 생각지도 않은 산이 팔렸고 가까이 오실 수 있으니 라고 말한다. 우연이지만 신기할

따름이다. 살아생전 불심이센 어머님을 절에서 관리해준다니 마음이 놓인다. 혼백이라도 가까이 모시면 기일이나 명절 때 찾아뵐 수 있고 우리 아이들도 할머니를 기리면서 기억하는 날이 많아지겠지 하며 마음이 편해진다. 해질녘 빨간 노을을 보며 돌아오는 길은 여러 상념에 빠졌다. 어머님이 생각 날 때는 김밥을 싸들고 아이들과 소풍을 오는 거다.

참석 못한 딸들에게 메시지를 날렸다.
할머니 아파트 4억에 (400만) 분양
계약금 걸고 왔음
F 라인 7층 1열
휴대폰 속 빨간 사인펜 동그라미 표시가 할머니 집
메시지가 왔다 ㅋㅋㅋㅋㅋ
다음 주 시간 내어 할머니 집 보러간다는 답이 왔다.

- 2018. 2.

1박 2일 외 1편

한 혜 정

"할머니, 저하고 1박 2일 여행가지 않을래요?"

전화 속에서 손녀의 낭랑한 목소리가 들려왔다. 갑자기 웬 여행이냐고 하니 추석연휴 때 엄마, 아빠, 동생이 베트남으로 여행을 간다고 했다. 그래서 자기는 따라가지 않고 집에서 쉬려고 했는데 TV에서 강호동이 나오는 1박 2일의 프로를 보고 할아버지 고향이기도한 나주에 가보고 싶었다고 했다. 그곳에 나오는 맛 집과 역사에 나오는 한옥에서 1박하고 이름 있는 휴양지에 가서 힐링하고 싶다고 했다. 손녀는 교통편, 숙소, 가볼 곳을 모두 알아보고 예약하겠다고 한다.

할머니가 안가시면 자기혼자 여행을 떠나겠다고 하여 손녀 혼자 간다는 게 마음에 걸려 같이 가자고 했다. 추석 이틀 후에 떠나서 연휴 끝난 다음 날 오자고 한다. 일정을 보니 가는 날 새벽에 떠나서 관광을 모두 마치고 한옥에서 하룻밤 자고 새벽차 타고 서울로 오는 스케줄이다. 이왕이면 돌아오는 시간을 좀 늦추면 이틀은 관광할 수 있지 않겠느냐고 하니 사람들이 연휴 마지막 날에 서울로 거의 오기 때문에 연휴 끝난 첫날에는 고속도로가 밀리지 않을 거란다.

9월 26일 아침 센트럴시티에서 07시 10분 중앙고속버스에 올랐다. 승객은 우리 둘 포함해서 세 사람이다. 이렇게 손님이 적어도 차는 제시간에 떠나는구나 생각하니 기름 값과 시간이 아까운 것 같다. 이래도 버스회사가 제대로 운영이 될까하는 생각도 들었다.

3시간 40분 걸려 나주에 왔다. 남편 고향에 왔다는 생각에 순간 많은 생각이 스치고 지나갔다. 우선 예약한 숙소부터 찾아갔다. 손녀는 한옥에서 일박하고 싶다고 하더니 나주 <목사내아>를 어렵게 예약했던 것이다. 목사내아는 조선시대 나주목사가 기거하던 살림집으로 일제 강점기 때 관사로 사용하면서 변형 되었으나 2009년에 복원하여 지금은 <한옥전통문화체험공간>으로 활용되고 있다. 목사내아 금학헌(琴鶴軒)은 1980년도 후반까지 실제로 나주군수가 생활하였던 곳이라고 한다. 그곳에서 숙박을 하고나면 좋은 일들이 생겨나 많은 사람들이 찾고 있어 몇 달 전에 예약을 할 정도이다. 모래땅으로 된 마당가운데 서있는 팽나무는 500년이 넘는 세월동안 나주를 지켜온 터줏대감이란다. 둘레에 작은 방들이 여러 개 있다. 대청마루 옆 작은 마루로 올라가 창호지로 붙인 방문을 열고 들어갔다. 감물들인 이부자리에 두 사람이 겨우 잘만한 공간이다. 작은 문갑이 하나 있을 뿐 옷걸이도 없다. 손녀는 여기서 며칠 쉬어가면 좋겠다고 한다. 화장실과 욕실은 준비해준 흰 고무신을 신고 모래를 밟으며 옆으로 돌아가야 있다. 너무 불편했다. 넓은 서울 집을 두고 이곳이 좋다고 하는 손녀는 소음 많고 복잡한 유학생활과 도시생활에 지친 것이 아닌가 싶다.

차 한 잔 마시고 나와서 <나주목문화관>에 들렀다. 천 년간 전남의 행정, 경제, 문화의 중심지였던 모습을 보여주는 전시관이다. 다음으로 조선 성종 때 나주목사 이유인이 세웠다는 나주의 궁궐 <금성관>에 들어서니 관광객이 몇 명 있을 뿐 한적하다. 뒤뜰에는 오래된 은행나무 아래 노란 은행들이 구슬처럼 뿌려져 있고 넓은 대청마루엔 연인 한 카플이 한가로이 사랑을 나누고 있다. 금성관은 왕을 상징하는 지방 궁궐로서 동서 양쪽의 부속 건물은 객사로 사신이나 중앙 관리들의 숙소로 사용되었다고 한다. 매월 1일과 15일에 왕께 충성을 다짐하는 망궐례를 치루 던 곳으로 전국 최대 규모를 자랑하며, 구한말 명성황후가 시해 당했을 때 빈소가 설치되었고, 일제강점기부터 군청사로 사용되다가 1977년 원형대로 복원되었다고 한다.

휴게소에서 호두과자를 구입해 먹은 관계로 이제야 시장기가 돌았다. 나주의 대표음식으로 자리 잡은 나주곰탕거리에서 인터넷에 나온 하얀 집을 찾았다. 뚝배기에 담은 탕(국밥)은 살코기인 양지와 사태를 삶는 과정에도 나주만의 노하우가 있다고 한다. 고기가 연하고 국물이 달고 맛이 좋았다. 밥, 곰탕, 김치, 등의 부서에서 종사하는 종업원이 얼른 보기에 30명도 넘는 것 같았다. 맛있게 먹고 나오니 문밖에서 대기하는 사람으로 줄이 서있다.

택시를 타고 전라남도 <산림자원 연구소>를 찾아갔다. 넓은 산림욕장과 수목으로 울창한 숲을 이루고 있어 아름다운 경관이다. 어린이부터 노인들 까지 특히 연인들의 데이트 하는 모습이 많이 보였다. 아직 애인이 없는 손녀가 부러울 것 같아서 이담에는 너도 애인하고 같이 와서 데이트 하라고 웃으며 말해 주었다. 이곳은 아카시아 잎과 비슷한 '메타세콰이어'라는 가로수가 사계절 정취를 느낄 수 있어 전라남도의 새로운 관광명소로 꼽힌다고 한다. 청정자연에서 걷는 동안 가슴속까지 힐링이 된 것 같았다.

숲을 빠져나와 예약해놓은 택시로 영산강 황포돛배를 체험하기 위해 달렸다. 과거에 영산강 물길을 이용해 쌀, 소금, 미역, 홍어 등 생필품을 실어 나르던 황토로 물들인 돛을 단 배를 말한다. 지난 2008년 황포돛배가 30여 년 만에 위엄 있는 옛 모습 그대로 부활했단다. 황포돛배는 그 옛날의 추억을 싣고 강바람을 가르고 영산강을 오르며 우리들에게 즐거움을 주었다.

우리나라에서 유일하게 천연 염색 문화에 대해 알 수 있는 곳 <한국천연염색박물관>을 멀리서 바라보는데 선장의 설명이 나왔다. 이곳에선 상설전시장을 비롯해 자료관, 판매장, 체험장, 등 여러 시설을 갖추고 있다고 하여 시간이 되면 가보고 싶었다. 해가 뉘엿뉘엿 서산으로 넘어가는 것을 보며 배에서 내렸다. 영산강 근처가 홍어거리다. 길 양쪽으로 홍어집이 쭉 늘어서서 어디까지인가 보기위해 한참을 걸어갔다. 가도 가도 끝없이 늘어선 홍어 집이 신기하여 기웃거리며 다녔다. 집집마다 바닥에 홍어가 셀 수없이 깔려 있다. 우리는 인터넷에서 검색한 홍어 1번지로 들어갔다. 홍어거리에서 냄새가 코를 자극하여 손녀는 먹고 싶지가 않다고 한다. 그래도 홍어를 먹기 위해 여기까지 왔는데 먹어보자고 하여 2인분을 코스로 시켰다. 칠레홍어보다 비싸다는 국산홍어를 주문했다. 홍어무침, 홍어찜, 홍어튀김, 홍어 전(발효 된 것과 안 된 것), 홍어 간(애), 홍어 탕, 삭힌 홍어, 생 홍어, 톡 쏘는 홍어에 잘 삶은 돼지고기와 묵은 김치를 곁들여 먹는 삼합이 나왔다. 삼합을 먹으니 코가 뻥 뚫리는 것 같았다. 여기에 막걸리 한잔을 걸쳤더니 제대로 홍어 먹는 기분이 들었다. 손녀와 잔을 마주치며 건강하자고 했다. 요즘 젊은이들은 소주, 막걸리, 등을 잘 마신다. 74,000원의 거금을 내고 홍어 집을 나왔다. 이제 계획한 볼거리, 먹을거리가 모두 끝나고 대기한 택시로 숙소에 돌아왔다. 너무나 조용하다. 발소리를 죽여 가며 방으로 들어가 세면장으로 가서 간단히 씻고 나왔다. 이런 곳에서 공짜로 더 있으라고 해도 못 있을 것 같은데 손녀는 누워서 풀벌레소리만 들리는 이곳이 너무 좋단다. 내 취향과는 너무 다르다. 내일은 아침7시 20분 버스로 서울로 올라간다. 불편한 것도 추억이리라.

다음 날 새벽에 뛰다시피 하여 영산포(나주) 터미널에 도착했다. 예약한 금호고속버스가 제시간에 도착했다. 역시 승객이 5명뿐이다. 길이 막히지 않아 예정시간보다 빨리 센트럴시티(서울)에 도착했다. 말이 1박 2일이지 하루여행을 하고 온 것이다. 첫 손녀라서 사랑도 제일 많이 받고 자라서인지 자신감이 넘쳐흐른다. 내가 보호자로 간 것이 아니라 손녀가 나의 보호자가 되어 여행한 것 같다. 손녀는 급변하는 세상에도 이해와 적응이 빨라 앞서가며 리더가 되었고 모처럼 단 둘의 여행이라 의미가 남달랐다. 첫날은 알차게 관광했지만 다음날은 잠만 자고 바로 온다는 게 좀 아깝고 아쉬웠다. 나주에 볼거리와 맛 집이 이렇게 많은 줄을 몰랐다. 다음기회에 넉넉한 시간을 갖고 보고 싶었던 한국천연염색박물관, 나주향교, 나주읍성 등을 관광하고 3대 맛 거리(곰탕거리, 영산포 홍어거리, 구진포 장어거리)에 다시 가서 맛 집을 두루 다니며 먹어보고 싶다. 휴게소에서 간단히 아침을 때웠기에 손녀는 회사로 출근하고 나도 피로를 풀 겸 사우나로 향했다. 아! 손녀는 오늘 출근하려고 머리를 썼구나! 이제야 손녀의 깊은 뜻을 알았다.

이번 여행은 하루뿐이었지만 볼거리, 맛 거리를 제대로 체험하고 손녀와 좋은 추억을 만든 1박 2일의 여행이었다.

- 2018. 10. 31.

손자의 선물

한 혜 정

여름방학이 시작되었다. 셋째 딸은 6학년 아들에게 체험학습도 시켜줄 겸 여행을 같이 가자고 권했다. 손자가 바다를 좋아하니 제주도를 다녀오자고 한다. 여행가본지도 한참 되어 좀 낯설게 들려서 망설였으나 나 역시 바다를 좋아했기에 같이 가기로 했다.

공항에서 간단히 아침을 먹고 아시아나로 편하게 제주공항에 내렸다. 7월 말일이다. 서울은 폭염으로 39도, 강원도는 41도라고 보도하는데 여기 제주는 공기부터가 시원하다. 날씨도 화창하고 푸른 가로수와 숲을 보니 어느새 내 몸이 정화되어 가는 듯 상쾌했다. 목화송이가 피어나듯 뭉게구름은 하와이를 연상케 했다. 리무진을 타고 하얏트호텔에서 짐을 풀고 이곳에서 귤 농사를 하는 동창 길 선생에게 전화를 하니 반가워하며 금방 달려온다고 한다. 길 선생과는 돈암학교에서 근무하며 막역하게 지내던 친구다. 퇴직하자마자 용감하게 제주도로 내려와 뿌리를 내리더니 제주도민이 되었다.

길 선생 내외는 찐 옥수수와 복숭아, 망고, 과일 주스와 삼다수를 얼려 아이스가방에 가득 가지고 왔다. 두 분 모두 혈색이 좋고 건강한 모습이다. 이곳에서 보니 더욱 반가웠다. 겉 칼라부터가 복숭아처럼 발갛고 예쁜 망고를 먹어보니 맛과 향이 필리핀 망고보다 훨씬 좋아 역시 우리 농산물이 최고라고 생각되었다. 금방 쪄온 따뜻한 옥수수는 아무것도 가미를 안했다는데 달고 맛있었다. 길 선생의 성의가 대단히 고마웠다. 이렇듯 진정으로 이모저모 살펴주는 친구가 있으니 나야말로 참 행복한 사람이다.

우리는 수영준비와 간식을 챙겨 중문해수욕장으로 나갔다. 햇볕에 모래가 달구어져 맨발로 딛기에는 깜짝 놀랄 정도로 뜨거웠다. 바다에는 많은 사람들이 튜브를 타고 신나게 논다. 그런데 경사가 심하여 조금만 들어가도 발이 바닥에 닿지 않았다. 시원한 바닷물을 헤치며 금줄 친 곳까지 수영하여 파도를 타고 놀았다. 파도가 밀려 올 때마다 사람들은 "와아" 하고 함성을 지른다. 아이들 어렸을 때 5남매를 데리고 서해안 동백정해수욕장에 놀러 갔었는데 이젠 그만한 손자를 데리고 왔으니 세월이 얼마나 많이 지났는지 세어보기도 숫자가 너무 많다. 행복했던 그 시절이 잠시 눈앞을 스치고 지나간다.

손자는 유치원 때부터 수영을 하더니 수영대회에서 수상도 여러 번할 정도로 수영을 잘한다. 결혼 전 친구들과 동해바다에서 선글라스와 넓은 챙 모자를 쓰고 신나게 놀았던 기분으로 헤엄치며 놀았다. 금줄을 잡고 떠 있다가 우르르 밀려오는 파도타기란 정말 스릴 있고 시간 가는 줄 몰랐다. 나이도, 할머니라는 것도 다 잊고 천진난만한 아이들처럼 놀았다. 늙으면 애가 된다고 했던가! 그런데 엄청 큰 파도가 저만치서 다가온다. 단단한 각오를 하고 파도를 기다렸다. 파도가 얼굴에 부닥치자 안경과 모자가 휙 날아갔다. 펄렁거리는 모자는 잡았는데 안경은 시퍼런 물속에 잠겨버렸다. 순간 아차! 선글라스를 쓰는 게 아닌데 하고 후회를 했다. 안경이 많지만 남편이 선물로 사준 이 안경은 내가 제일 좋아하는 선글라스다. 나도 모르게 손자를 불렀다 "지민아, 할머니 안경이 없어 졌어! 어떡하지?" 했더니 "어디서요?" "바로 여기야." 소리를 듣자마자 쏜살같이 잠수를 하더니 한참 만에 안경을 손에 들고 "할머니, 여기 있어요." 하며 물속에서 나왔다. 수영하던 사람들도 어떻게 찾았지! 신기하게 바라본다.

잃어버렸다고 실망을 하고 남편에게도 미안했는데 손자가 찾아주다니……, 다시 마음이 편안해지며 손자가 너무 기특했다. 바다 맨 밑바닥 모래위에 있었다고 한다. '수영을 가르친 보람이 있구나!' 하고 호텔에 들어와 안경 값만 한 상금을 주었다. 나도 잠수를 하고 싶지만 몸이 밑으로 내려가지 않고 자꾸만 떠올라서 못한다. 젊었을 땐 물구나무서기로 조개와 예쁜 조약돌도 주웠지만 지금은 어림도 없다.

세월호사건 후로 초등학교에서는 수영을 의무적으로 가르친단다. 수영은 유사시에 자기 몸을 지키기 위해서라도 필수라고 생각되었다. 바닷물에 들락거리며 해수욕 첫 날에 빨갛게 탔다. 등과 팔에서 열이 나며 화끈거린다. 바다애서 몸을 태우면 면역이 생겨 겨울에 감기에 걸리지 않는다고 하니 오히려 잘 태운 것 같다.

서울에 오기 전날이 내 생일이라 길 선생 내외를 초대 했다. 딸이 뷔페식당에 이벤트를 부탁하여 케이크도 준비해주어 좋은 분위기에서 식사를 하는데 손자는 할머니생신 축하노래도 우렁차게 불러 주위사람들까지 박수를 보내주었다. 그리고 음식을 아주 복스럽게 먹는다. '그렇게 먹으니 키가 173센티나 되게 성장도 좋고 머리도 좋구나!' 하는 생각이 들었다. 또 맛있게 구운 갈비를 먹음직스럽게 담아와 많이 드시라고 할머니들 앞에 내놓는다. 길 선생은 인물도 훤한 지민이가 예의도 바르다고 칭찬을 아끼지 않으며 제주도에서 살아가는 이야기를 들려주었다. 이곳 사람들은 인심이 좋아 귀한 음식이 있으면 서로 나누어 먹는단다. 오래 살다보니 정이 들어서 이곳을 떠날 마음이 없다고 했다. 제주도 하얏트호텔 뷔페식당에서 손자, 딸, 길 선생 내외와 즐겁게 식사를 하니 그야말로 의미 있는 생일이 되었다.

제주도에서 마지막 밤을 보내고 떠나는 날 아침 길 선생 내외는 공항으로 가는 우리를 배웅하려고 시간 맞추어 왔다. 손 흔들며 작별 인사를 하는데 호텔 앞 분홍색 유도화도 또 오라는 듯 활짝 피어 같이 배웅을 한다. 4박 5일 동안의 짧은 일정이지만 아름다운 추억을 만들고 손자와의 정이 더욱 돈독해졌다. 또한 흰 파도가 밀려오는 푸른 바다의 정기를 듬뿍 받고 돌아오게 되었다.

바닷물 속에서 찾은 선글라스는 이젠 손자의 값진 선물이 되었다.

"지민아, 고맙다. 할머니가 오래오래 기억할게."

- 2018. 9. 11.

2부.
꽃길만 걷자

꿈

신 수 희

어느 커피숍에서 한 남자를 알면서 날이 가면 갈수록 다정다감한 말과 자연스런 행동에 끌려가고 있다. 흘리는 듯한 여운과 졸리는 듯 낭랑하지 않는 꿈속의 다정한 음성, 내 어릴 때 나를 얼리면서 아버지가 해주던 그런 음성이었다. 많은 세월이 흘러갔는가 보다. 지금까지 잊고 있었던 내 나이가 칠십 대 후반이나 되었다. 그 사람의 나이는 육십 대 후반인데……. 내 나이에 그 사람을 사랑해도 되는 것인가? 나이 때문에 뒷걸음치기엔 내 정신에 깃들려 있는 꿈이 아직까지 학창시절을 벗어나지 않고 있다.

적은 것 하나 빠뜨리지 않고 느껴주고 때로는 남자답게 큰소리치면서 작아지고 여에게 알면서 져주는 남자, 어떤 일을 놓고도 정도를 지키려고 다짐하고 거울 속에 자신을 비쳐보면서 올바르게 살려고 노력하는 남자, 나는 그 남자에게 배운 여자로서 존경한다고 말했다. 자신을 거울 속에 비쳐보면서 내면을 고쳐간다는 것은 성인이 아니고는 무척 힘들다는 것을 나는 알기 때문이다.

내가 사랑하고 싶은 그 남자는 나와는 살아온 과정이 정반대인 흙수저였다. 가난한 집에 쌀밥이 먹고 싶어 이모네 집에 찾아가서 설음의 밥을 얻어먹던 아이, 술만 먹으면 엄마를 때렸던 아버지, 너무 어릴 때 엄마를 잃었기에 엄마 무덤이 그립다고 했다. 혼자 감당해야하는 세상의 폭풍 삐뚤어질 수도 많았는데 올바르게 이겨냈기에 좋은 여자를 만난 것 같다고 했다.

내가 예쁜 여자같이 보이느냐고 질문하고 그 남자의 얼굴을 쳐다보았다. 우린 날마다 만났다. 밥을 먹고 차를 먹고 언제나 손을 꼭 잡고 떼지 않는다. 계단을 오르고 내릴 때면 어련히 먼저 뒷손을 내밀고 계단을 올라오는 내 손을 기다렸다. 차를 타고 고속도로를 달리면서도 이야기가 통할 때면 어린아이같이 입을 맞추고 잡고 있는 손에 힘을 주기도 한다.

오십 년 전으로 돌아가서 한 남자를 사랑하는 여자가 되어가고 있다. 그 남자의 나이도 내 나이도 다 잊어버리고 나는 이화의 대학생 그는 서울대학생처럼 꿈속에 살고 있다.

그 남자와 결혼 하고 싶다. 창가에 드리워진 작은 커튼들 다 걷어버리고 바깥을 내다보고 싶다. 창밖에 보이는 푸른 산, 날개를 펄럭이며 날아가는 새들, 비 오는 냇가에 흐르는 물소리, 그동안 잊어버리고 살았던 모든 것 공유하면서 살고 싶다.

"여보야! 어디 있어? 사십 년 만에 나를 부르는 남자의 소리에 눈을 떴다. 엄마를 깨우는 둘째 딸, 그냥 나를 깨우지 말라고 미리 부탁해 둘 걸…….

유정이

신 수 희

엄마가 미워서 따뜻한 눈길 한번 주지 않던 둘째 딸 유정이가 어느 날 저녁 나에게 두 손을 잡고 이렇게 말했다. 엄마 엄마가 이 세상에서 제일 좋아. 이렇게 말할 줄은 예상 밖의 일이었다. 거의 이십 년 동안 마음속에 눌러 두었던 설음과 눈물이 터져 버릴 것 같아서 간신이 참았다.

이 세상에 제일 싫은 사람이 엄마라고 해놓고……. 정말 엄마가 좋아서 하는 말인지 유정이를 쳐다보았다. 그때는 어려서 그랬다며 나를 쳐다보는 눈가에는 물기가 서리는 것 같았다. 아직도 내 눈에는 어린아이 같이 보이는데……. 손가락으로 집어보니 열 살도 되지 않았던 쬐그만 아이가 벌써 서른일곱 살이나 되어있었다. 오랜만에 내 곁에 마주 앉아있는 유정이를 쳐다보니 앞머리가 반백이 되어 있었다. 육순이 넘은 나이에도 유정이처럼 저렇게 머리가 세지 않는데 이 모든 것이 나 때문인 것 같아 마음 한복판이 저려 오는 것 같았다. 그 아이가 원하는 대로 가만히만 두었으면 저렇게 하얀 머리가 되지 않고 힘들지도 않았을 것을 후회가 된다. 유명대학 의과대학 교수가 되면 뭐하나? 어린 나이에 이렇게 머리가 하얗게 시었는데…….

갑자기 미국 땅에 가서 초등학교 다니던 생각이 눈앞에 다가온다.

엊그제 일 같은데 삼십만이나 훌쩍 지나고 말았다. 내 나이가 벌써 이렇게 되다니 딸이 보기에도 엄마가 작아 보이는 것 같다. 미국 사람이 무서워서 학교 화장실에 숨어서 나오지 못하고 울던 생각이 난다. 엄마 혼자 원해서 데리고 간 미국 생활은 이렇게 순간순간 유정이를 힘들게 했던 걸 같다. 지금 생각하면 아이들을 조기유학을 왜 시켜서 어릴 때부터 엄마와 딸의 관계를 원수지간을 만들었는지 나 자신이 이해가 되지 않는다. 후회가 된다. 미국 말도 못하고 미국 글도 못 읽는 유정이는 선생님도 밉고 한반 친구들도 싫어서 학교 가기도 싫다고 했고 엄마도 무섭다고 했다. 싫은 것만 애써서 시키는 딸의 눈에는 엄마가 호랑이보다 더 무서웠는지 모른다.

그러나 피아노를 잘 치던 유정이는 하와이에서 피아노 콩쿠르대회에서 일등을 하고 호놀룰루의 신문과 한국일보에 유정이의 얼굴이 크게 나오고부터는 미국이 싫어서 방황하던 어린아이는 친구들의 부러움과 선생님의 칭찬에 잃었던 꿈을 키우는 것 같았다. 호놀룰루에 있는 Hahaione초등학교에 피아노 일등이라는 자랑거리 학생이 되자 미국에 있는 클라리넷과 피아노 연주를 미국에 있는 다른 주에서 순회공연하기도 했다. 그럴 때마다 음악대학에 꼭 입학하고 싶다고 노래 마냥 말하기도하고 학교 이름도 떨치겠다고 항상 말했다. 담임선생님도 이름난 클라리넷 선생님을 특별히 추천해 주어 훌륭한 음악가가 되도록 도와주겠다고 했다며 엄청 기뻐했다. 그럴 때도 나는 같이 기뻐할 생각은 조금도 하지 않고 음악은 취미로 해야지 직업까지 해서는 안 된다는 속마음으로 즐거워하고 있는 유정이에게 찬물을 끼얹을 생각만 하고 있었다.

어느 날 가을인가 큰딸이 고등학교 3학년, 둘째 딸이 고등학교 2

학년이 되자 난 의논할 사람도 없이 나 혼자만의 결정으로 아이들의 의사는 무시해버리고 한국에 나오게 되었다. 큰딸이 대학교를 가기 직전 가을이었다. 친척도 아는 사람도 없는 이국땅에서 아이들을 데리고 미국에서 끝까지 살아야 할 이유와 여건이 없는 것 같았다. 연결고리도 찾을 수가 없었다. 이왕 한국에 나가서 살려면 딸들이 미국 대학을 가기 전에 우리나라로 가야 될 것 같았다. 미국에 유학 오기 전에 미리 계획한 일이었다. 조기유학을 마치면 한국에 있는 대학으로 역으로 입학시킴으로 우리 식구는 이산가족을 면해야 되겠다고 다짐했던 일이었다.

그러나 미국에 살고 있는 이웃 사람들은 내 생각과는 달랐다. 이왕 한국에서 미국까지 이렇게 공부하려 왔으면 대학을 마치고 돌아가야 된다는 것이 정답이라고 했다. 뒤범벅이 되던 그네들의 생각, 내 생각 때문에 결정짓기가 힘들었지만 아이들이 성인이 되면 내 뜻을 따르지 않을 것이 분명할 것 같은 생각 때문에 끝내는 아이들을 데리고 한국으로 나와 버렸다.

나의 계획을 꿈에도 모르는 유정이는 한국으로 덜어오자마자 좋아하던 친구들과 선생님, 음악대학을 가겠다는 꿈을 산산이 빼앗아간 엄마를 하루아침에 이 세상에서 제일 미운 사람으로 전락시키고 말았다. 하고 싶은 모든 것 못하게 만드는 엄마 때문에 이제부터는 공부도 하지 않겠다고 했다. 대학도 가지 않겠다고 했다. 엄마가 보기 싫어서 끝내는 방문까지 잠궈 놓고 열어주지 않았다. 밥도 먹지 않았고 울기만 했다.

깊은 상처도 시간이 흐르면 아무는 것처럼 2년의 시간이 지나자 유정이는 음악대학도 가지 않고 의과대학을 선택했다. "엄마 하얀 쥐를 많이 죽여서 좋은 곳은 못 가겠지?" 가끔씩 농담도 할 줄 아는 지금의 유정이는 한국 대학에 처음 입학 하자마자 한국과 미국 공부의 차이 때문에 한문과 화학 물리, 미적분을 따라가지 못해 대학을 포기할 만큼 힘들어 하면서도 일간지 신문인 문화일보에 글을 연재하는 아르바이트까지 하느라고 더 밤잠을 자지 못했다.

연재하는 동안 몇 번의 특종기사까지 날린 유정이는 자존심 있는 신문기자들의 기립박수를 받고 엄마 대신 위로를 받기도 하였지만 대학생이 글을 써서 기립박수를 받는다는 것은 힘든 일이었다. 학교공부, 실험도 힘이 드는데 "오유정 무식영어"라는 자기만의 글을 만들어서 일주일에 3번씩 문화일보 편집 시간에 맞추는 것은 정말 힘든 일이었다. 확실히 재주 있는 아이였다. 어쩌면 엄마 때문에 버려졌던 미국의 꿈을 특파원을 해서라도 이루겠다는 염원이 서려 있었던 것인지도 몰랐다.

대학 졸업 전 유정이의 뜻대로 유명 신문사에서 특채 요청이 몇 번이나 들어왔지만 그럴 때마다 낌새가 불안한 나는 "엄마도 신문기자 해보니까 별것 아니었어."하고 미국도 싫다. 음악도 싫다. 신문기자도 싫어. 특파원도 싫다……. 하면서 끝 간 데 없이 딸을 쫓아 따라다니면서 내 딸의 분홍 꿈을 원수처럼 빼앗아 가려고 했다. 지독한 엄마였다. 얼마나 미웠을까?

그 당시 내가 직장을 다닐 때는 지금으로부터 60년 전의 시간이었고 대답은 60년 후의 대답이었다. 유정이의 꿈을 산산이 깨뜨려 버리는 바보스럽고 무식한 충고였다.

이제는 나의 생각보다 유정이의 생각을 우선순위로 되돌려놓는 엄마가 되어야 되겠다. 원하는 모든 것 다 들어주어야 되겠다. 유정이가 참고 견디었던 무게만큼 엄마의 무게도 보여 주고 싶다.

창밖에 바라다 보이는 파란 산이 언제인지 단풍이 들어 색동옷을 입고 있다. 노란 은행잎들이 떨어지고 쌀쌀한 것을 보니 늦은 가을이 분명하다. 엊그제가 봄이었는데 한해가 금방 가는 것 같다. 지난날 젊었을 적에 그렇게 기를 쓰면서 아이들에게 힘들게 했던 일이 우스운 생각이 든다. 평범해지는 것이 이상이라고 했고 꿈이 있는 곳에 행복이 있다는 것을 진작 알았더라면 신문기자가 되고 싶어 하는 것도 피아노를 치고 클라리넷을 부는 것도 막지 않았을 건데…….

"유정아 정말 미안해"

"그리고 엄마도 이 세상에서 유정이를 제일 좋아한단다."

어느 결에 가을은 깊어만 가고 외 1편

장 영 교

아들이 왔다가 돌아간다고 하는데 나는 공항까지 가지 않고 집에서 그냥 헤어지겠다고 했더니 남편은 몹시 섭섭해 하면서 지금까지도 잘 해 줬는데 유종의 미를 보여주자고 했다. 참 생각하는 것이 이렇게 다르다보니 가족 간에도 답답할 때가 있다.

아들이 떠나는 것이 보기 싫어서가 아니라 공항의 이별이 너무도 허무하고 매정해서 그 칼같이 끊어 버리는 헤어짐이 얼마나 가혹하던지 알고는 두 번 다시 되풀이할 것이 못되어 차라리 집에서 헤어지겠다고 한 것뿐인데 그게 그렇게 잘못 되었단 말인가.

아들은 물론 다시 또 오겠지만 내일을 예측 못하는 우리가 그때까지 건강할 수 있다는 보장도 없지만 살아 있을 거라는 확신도 없는데 끝까지 기분 좋게 보내주도록 하자는 것이다. 얼핏 들으면 꼭 계모한테나 해주는 충고 같았다.

내가 저를 낳았는데 저를 낳은 어미한테 이토록 어미 마음도 헤아려 주지 못하면서 무슨 건강이니 죽음까지도 들먹이면서 나약하다 못해 자신 없는 늙은이가 된 남편이가 오히려 더 가엾기만 했다.

번번이 공항까지 가서 이별할 때마다 얼마나 허무하고 기막히게 쓸쓸했던 그 경험을 남편도 잊은 것은 아닐 텐데.

30년 전 돌이켜 보면 아들이 군 입대할 때 논산훈련소에다 떼어 놓고 돌아서면서 그칠 줄 모르고 우는 나에게 용기 있는 말은 다 동원해서 잘도 달랬지만, 사실 그때 그 눈물은 이별보다도 언제 우리 아들이 벌써 자라서 나라를 지키는 국군이 된 것이 대견해서 흘린 감동의 눈물일 수도 있었는데

이제만큼 늙은 아버지는 아들과의 이별이 아쉬워 저렇게 괴로워하는 것이 얼굴에 역역한 걸 보면 누가 母情이 父情보다 더 위대하다고 했는지 어림도 없었다.

그동안 만리타국에서 청춘을 불태우다시피 그 사회에 적응하느라 어려움이 어디 상상이나 할 수 있었겠냐마는 항상 잘 지낸다하니 믿고 있었던 것 밖에는 없었다. 그저 해외 동포 자격이었지만 그러나 생각 보다 아버지는 항상 염려와 관심으로 진로와 건강도 살피는 것은 다 당신의 몫이었다.

또 아이들 교육에도 많은 관심과 애착을 갖고 수시로 알아보면서 칭찬하는 시아버지 노릇도 생각보다 잘 했다.

계절이 바뀌듯 우리도 모르는 사이에 능력(?) 있던 아버지도 정신적으로 많이 약해진 것도 사실이고 아들 역시 중년이 되었으며 손자들도 이제는 다 자라 성인이 되었다.

파노라마 화면이 넘겨지고 바뀌어지듯 끊임없는 인생행로에는 감동 이별 환희 좌절 등 희로애락으로 어쩌면 이토록 잘도 구성이 되었는지 인간이 드라마를 꾸몄는지 드라마처럼 돌아가는 것이 인생인지는 알 수 없었다.

그 허무한 공항의 이별을 무사히 마치고 별 말없이 돌아오는 길은 어느 결에 깊어진 가을이 눈물처럼 쓸쓸히 낙엽만 날리고 있었다.

아름다운 12월

장 영 교

달랑 한 장만 남은 마지막 달력이 아쉬웠지만 그래도 12월은 성탄을 기다리며 한해를 마무리하는 결실로 승화 된 행운의 달이 아닐까. 생각해 보니 지금까지 살아오면서 돌아봐도 올해만큼 크리스마스를 행복하게 기다려본 12월은 처음인 것 같다.

우리 딸 내외가 크리스마스 선물이라면서 상트페테르부르크 러시아 국립 발레단의 '호두까기 인형' 공연을 초대해줬을 때 감회를 주체할 수 없었던 것은 '호두까기 인형'과의 행복한 추억이 나에게는 남달랐던 인연이기에 당연했을 것이다.

지난날 러시아를 여행할 때 상트페테르부르크에 가서 현지의 '호두까기 인형' 공연을 환희에 차서 감상한 것이 그 첫 번째 감동의 인연이었고, 두 번째는 서울에서 국립 발레단의 작품을 감상하면서 그렇게 반갑고 친근했던 기억하며, 이번이 세 번째로 다시 그들 진수를 맞이할 수 있었다는 것은 그 감동이 얼마나 벅찼으면 말로는 다 표현할 수도 없었으니 당연한 것이 아닐까.

그런데 오늘 또 생각밖에 멋쟁이친구로부터 받은 크리스마스 선물은 나를 다시 감동의 도가니로 몰아넣게 했으니 기가 막혔다.

스위스 독일 오스트리아 네덜란드 등 유럽에서는 12월이 되면 주말마다 사랑하는 가족과 stollen을 한 조각씩 먹으면서 모두들 성탄을 기다리는 전통이 있다는 사실을 친구로부터 처음 설명을 들어 알게 되었을 때 그 맛에 대해서도 궁금했지만 12월이 들어서면서부터 크리스마스를 맞이하기 위해 준비하는 그네들의 경건한 자세가 여간 감동적이지 않을 수가 없었다. 겸허하고 순수한 그들이 어쩌면 부럽기까지 했다.

슈톨렌은 사탕수수와 당밀로 빚은 럼(rum)에 그렌베리 건포도 레몬 필, 오렌지 필을 한 달 가령 절여서, 구운 아몬드 마지판이랑 함께 넣고 구워 낸 전통 유럽풍의 크리스마스용 과일 빵이라고 했다.

슈톨렌을 적당히 자르면 그 단면에 밤톨처럼 크게 보이는 것이 아몬드를 가루로 만들어 쫄깃쫄깃하게 한 것이 마지판인데 이 부분이 바로 슈톨렌의 값을 비싸게 하는 주된 요인이며 여느 빵에서도 맛볼 수 없는 독창적인 맛과 비싼 재료라고 했다.

만드는 과정도 쉽지 않지만 우선 많은 시일이 필요했고 재료가 적잖이 고가인데 장인의 솜씨도 한 몫 하지만 꼭 사전에 주문을 받아야 할 수 있으니 한정 판매가 될 수밖에 없을 것이다. 이렇다 보니 아무나 맛을 볼 수도 없는 특별한 빵인데 이 귀한 슈톨렌을 선물로 받았으니 금년 크리스마스는 만반의 준비가 갖춰진 만큼 행복한 크리스마스가 될 것이 분명했다. 그 뿐만도 아니다. 후배가 보내준 꽃으로 장식 된 귀하고 아름다운 양초 선물은 금상첨화가 되어 이번 크리스마스를 한층 더 뜻 깊게 맞이할 수 있게 되었다.

아직도 몇 주 남은 크리스마스까지는 매 주말을 아름다운 꽃 양초를 밝히고 슈톨렌을 썰어놓고 그야말로 우아하게(?) 남편과 와인을 나누며 오래도록 잊고 살았던 감사의 시간을 갖으면서 크리스마스를 경건하게 기다리며 맞이하기로 했다.

감사함이 온 하늘과 땅에 차고 넘치는 아름다운 12월이다.

'참'고민 경험 중 외 1편

이 성 화

세상을 살아가면서 하루하루가 다 경험이라고 한다면 나는 요즘 눈에 보이지 않는 마음의 경험을 하고 있다. 이 마음의 고민 경험은 순전히 내가 나에 의해서 나의 행동의 결과물이기 때문에 누구에게 원망도 못하고 스스로 마주서서 고민하게 된다. 앉으나 서나 '당신 생각'이라는 유행가처럼 앉고 서고를 넘어서 자나 깨나 마주선다. '너를 보자.' '그래 본다.' '무엇이 보이느냐?' '물고기가 보인다.' '어떻게 생겼느냐?' '좀 크다' '근데……?' '살이 뜯겨나간 물고기 같다.' '왜?' '세월 속에 수많은 갈퀴들에 뜯긴 것 같다.'

요즘 빈 시간이면 이 상처받은 물고기를 들여다보는 때가 많다. 사람들은 생각이 복잡할 때는 털어버리라고 한다. 더구나 추상적인 생각에 끌려 다니는 현재의 나를 보면 아직도 꿈을 가슴 한켠에 끼고 있는 늙은 소녀 같기도 해서 "꿈 깨!" "꿈 깨!"하고 싶다. 그러나 이 꿈이 이루어지든 꿈으로 날아가 버리든 간에 내가 참여한 분위기에서 한 조각 책임감 같은 것이 있어서 나는 지속하기로 한다.

선발 범위에 든다는 것은 누군가 내 뒤에 있는 사람을 제치고 참여 티켓을 쥔 것이나 다름없는데 드라마 공부를 하겠다고 입실 자격을 얻어놓고 퇴장한다는 것은 도의적으로도 맞지 않는다. 아무리 나이 제한이 없다고 했지만 80나이에 민망함을 누르고 드라마 작가 입문에 인터넷 서류 접수와 면접에서 통과한 결과이기 때문이다.

첫 오리엔테이션 시간에 인사말에서 "나는 지금 뇌가 다른 여러분과 함께 있는 것을 느낍니다. 최근 현대에 들어오면서 문명적, 문화적 영향으로 뇌세포가 과학적으로 복잡구성 된 뇌와 과거의 문화, 문명에서 너무나 동떨어진 시간 속에 살아온 뇌의 그 '다름'을 느낍니다. 그래도 나는 여기 색다른 나이의 한 사람이지만 같은 우주에서 탄생한 인간이라는 동질 속에서 여러분과 저의 경험 시간대를 좁혀가는 뜻있는 만남으로 생각합니다. 앞으로 좋은 시간 나누게 되기를 희망합니다."고 말했다. 이렇게 2,30대 학생들에게 또 시험 기록에 흔적을 남겨놓고 막상 공부 시작을 하니 무모한 도전을 한 건가 하는 갈등도 왔다. 그럼 퇴장? 아니지. 그것은 내가 모르는 높은 연령의 사람들에게 흠집을 남겨주는 것이기도 하다는 생각이 들었다.

그런데 두 번째 강의를 들으면서 정식 고민이 시작된다. 드라마 초보 작법에서 '내가 나를 보는 것' '나는 무엇을 쓰고 싶었나?'하는 질문에서 준비가 안 된 것을 절실하게 느꼈다. 평소 드라마를 보면 우리가 사는 이야기라서 나는 수많은 특이한 경험이 있기에 함께 작업할 경우가 있다면 돌이켜 볼만한 에피소드가 상당히 많으므로 쓴다는 것에 대해 나의 낙천적 성격이 그대로 작용했던 것이다. 그런데 '그것이 아니고…….'하는 것들에서부터 고민을 알게 됐다. '그래, 내가 나를 알아야 하지……. 그것이 먼저지…….'하면서 세상에 대한 첫 기억 5살 때부터 필름을 돌려보니 이 나이 돼오면서야 내가 어떤 아이였다는 모습이 연극 보듯이 떠오르고 지나간 황금 같은 기회 상실이 왜 일어났는지 이치를 깨닫게 된다. 마치 죽을 때 가서야 철난다는 주인공 같은 생각에 혼자 아팠다가 혼자 위로했다가 한다. 그러다 보니 요즘 나는 이 속을 어떻게 마주하나 하는 '참 고민'을 알게 되고 다른 사람이 쓴 글에도 그 심저를 헤아려보는 깊은 눈길도 가져야하는 몇 가지에 대해 마음의 '참'고민을 경험중이다.

– 2018년 12월 7일

쿠데타가 뭐예요?

이 성 화

1961년 봄. 부산 HLKU 문화방송국에 취직 1년쯤 한창 사회생활에 재미가 들리는 시기에 겉멋이 들기 시작한 나는 일 끝나고 집에 갈 때면 광복동 다방에 들려서 커피 한 잔 시키고 '코메 프리마'라는 이태리 칸쵸네를 듣는 것이 내 정서를 달래주는 과정이었다. 반세기가 넘는 그 옛날 부산 광복동은 시내 중심 번화가였다.

그러던 어느 날 커피를 마시면서 앞을 보는데 눈이 휘둥그레질 정도로 예쁜 여자가 앉아있었다. 혼자였다. '어머! 저 여자라면…….' 생각이 드는 순간 사흘 후에 있을 부산일보 주최 미스 경남 대회가 떠올랐다. 욕망이 생겼다. 그 앞으로 갔다. "혹시 누구 기다리시는 거에요?" "네." "오시기 전에 잠깐 얘기 좀 나눌까요?"하고는 대뜸 미스 경남 대회에 나가라고 했다. "아니, 갑자기……."하는 것을 내가 다 출전준비 시켜줄 테니 아무 걱정 말라고 하고는 동의를 받아 실천에 당장 옮겼다. 요즘 말로 빡세게 용감한 3일간의 출전 준비였다. 결과는 내 예측대로 18세 처녀도, 22세 사회 초년생도 가슴 벅차게 1등을 따냈다. 이제 서울로 간다.

당시 미스경남 샤프론은 언제나 부산의 유명 내과의사 부인 무용가 출신이 했는데 1등하면 내가 샤프론 한다고 애초에 중역 분들에게 다짐해놓았던 터라 서투를 수밖에 없는 나를 말리지 못했다. 우리 둘은 대회 사흘 전에 어설픈 행장을 꾸려들고 서울 청운동에 있는 김지태 부산일보 사장 댁에 머물게 됐다. 정신과 육체가 피곤한 우리는 부잣집의 맛있는 저녁을 먹고 일찍 골아 떨어졌다.

새벽에 밖에서 잠을 깨운다. "미스 리, 미스 리……. 일어나세요. 쿠데타가 일어났어요."

"네?"

"쿠데타가 일어났어요."

"쿠데타가 뭐예요?"

"하여튼 시청 앞에 가보세요."

사모님 음성이 떨리는 듯도 했고 묻는다고 해답이 있을 것 같지 않은 느낌이어서 부스스 일어나서 곧 택시를 탔다. 시청 앞에 내려달라고 했다.

1961년 5월16일 시청 앞 탱크 사진은 5.16 군사혁명 단골 사진이다. 시청 앞 탱크 주변에 선글라스를 쓰고 서있는 고 박정희 대통령과 차지철, 그 사진 장면 1키로 밖에 쯤 나도 서 있었다.

미스 코리아 전국대회는 그 다음 날이니 그 큰 혼란 속에 뭐가 뭔지 모르는 가운데 경복궁 한 곳에서 질서 없는 대회가 치러졌다. 맨 흙에 드레스를 들고 뛰는 사람, "무대는 저쪽이니 그리로 오세요." 진행자의 큰 목소리. 우왕좌왕의 무리들. 나와 엄 양도 허둥대며 따라다니면서 5등을 했다. 그때도 내 눈에는 엄양이 제일 예뻤다. 서울이 어디라고 1등을 시키겠다고……. 그래서 샤프롱으로 미국을 데리고 가겠다고? 정말 하하 웃을 일이다. 그로부터 우리는 아주 친밀한 사이로 10여년의 세월이 흐르는 가운데 소설 같은, 드라마 같은 일이

설켜졌으며 각자의 길이 달라지는 가운데 자연스럽게 연락이 두절됐다. 어떨 때는 꼭 만나고 싶기도 하지만 선뜻 찾아 나설 엄두가 나지 않고 또 '찾은 들…….'하는 생각이 교차된다. 매년 5월16일이면 '쿠데타가 뭐예요?'했던 꿈 많았던 그 시절이 떠오른다. 내년은 5.16 군사혁명 몇 주년이지? 세어본들 무엇하랴.

– 2018년 11월

현정이 엄마

강 은 옥

착한 나무꾼이 사냥꾼에게 쫓기는 사슴을 나뭇단 속에 숨겨 구해준다는 동화가 있다. 나무꾼 본인의 뜻과는 관계없이 닥친 일로써 만약 나무꾼이 사냥꾼에게 거짓말을 해서 숨겨주지 않고 사슴을 잡게 했다면, 더 비난받을 일이었을까?

그리스의 아테네 공항에서 우리 일행을 맞이한 현지 가이드는 웃음소리가 특이한 여자였다. 본인 소개를 하면서부터 까르륵거리기 시작한 김 여사는 웃음에너지가 넘쳐 보였다. 처음에는 귀에 거슬리는 듯한 그녀의 웃음소리가 점차 재미있어지고, 어느새 나도 모르게 따라 웃게 되었다. 김 여사와 함께한 그리스에서의 이틀은 유쾌했고 또 즐거웠다.

일정에 따라 메테오라 공중수도원에 갔다. 은둔의 수도원은 웅장한 요새처럼 잘 꾸며져 있었다. 주변의 풍광보다 더 압도적이었던 것은 순교자들의 순교모습을 그린 그림들이었다. 손발을 톱으로 켜거나, 온몸이 맷돌로 눌려있거나 수없이 많은 쇠꼬챙이가 솟아 있는 널판 위에 피투성이가 된 채 신음하는 순교자들의 모습. 하루에 한 겹씩 온몸에 포를 뜨는 고통으로 일그러진 얼굴이 그려진 그림도 있었다. 온갖 고문을 당하는 그림들을 보고 있노라니 너무나 끔찍했다. 그들의 순교모습을 보고 나오니 마음이 처연해졌다. 그리고 기도했다. '주여, 혹여라도 순교를 해야 하는 순간이 제게 온다면 단칼에 죽여주세요. 고통 때문에 주님을 배반할까 두렵습니다'라고……. 경이로운 풍광과 충격적인 그림으로 인해 깊은 상념에 빠져있던 나를 깨우는 목소리가 있었다.

버스 안에서 마이크를 잡은 김 여사는 다시 특유의 까르륵 거리는 웃음소리와 함께 다음일정을 소개하며 신이 난 사람처럼 종알거리고 있었다. 우리가 들를 쇼핑센터에 물품소개도 하고 가이드 생활을 하며 겪었던 재미난 에피소드를 들려주었다. 조금 전의 심각함은 어느새 사라지고, 다시 또 그녀의 이야기 속으로 빠져 들어갔다.

한국에서 전세기를 띄웠다고 했다. 그리스의 산토리니 섬에서 출발해 이태리를 일주하는 여러 여행사가 모둠으로 만든 연합상품이었다. 각 여행사들의 가이드들은 손님들이 도착하자 각자의 손님들을 인솔해서 일정에 들어갔다. 김 여사가 맞이한 손님은 20여명 정도였는데 부부팀, 모녀팀, 친구팀, 여고 동창팀 등 여느 때처럼 특별해 보이지 않는 손님들이었다고 했다. 그런데 산토리니섬 투어가 시작되고 얼마 지나지 않아 여고 동창생 팀 6명 일행이 부부 팀에게 눈을 흘기기 시작했다.

'저것들 불륜이야'

'맞아. 틀림없어.'

'부부인 척 하지만 그걸 모르겠니?'

'티가 나잖아 티가!'

김 여사 눈에도 불륜사이처럼 보이긴 했지만, 자기에게 불륜 맞지 않냐고 물어오는 여고 동창 팀에게 '글쎄요. 잘 모르겠는데요.'라고 말끝을 흐릴 수밖에 없었다.

그런데 사건이 터진 건 산토리니 섬에서 이태리로 가는 크루즈 안에서였다. 부부팀의 그 부인이 다른 여행사를 통해서 내연녀와 함께 온 남편을 배 안에서 발견한 것이었다. 한바탕 소동이 벌어진 것은 당연한 일. 부인은 내연녀의 머리채를 잡아 흔들며 소리를 질러댔고, 당황한 남편은 내연녀를 때리지만 말라고 부인의 손을 부여잡고 사정했다. 사람들이 주위로 몰려들었고 여고 동창팀 또한 그 장면을 구경하고 있었다. 부인의 내연남은 저 만치쯤 떨어진 기둥 뒤에서 숨어 보고 있었다. 남편은 출장을 간다며 거짓말을 하고 내연녀와 여행을 떠나 온 것이었고, 부인은 친구들과 함께 유럽여행을 간다고 남편을 속이고 내연남과 함께 온 것이었다. 겨우 부인을 뜯어 말린 남편이 부인에게 물었다.

'아니 당신은 유럽여행을 간다하지 않았소? 근데 웬 그리스?'

그러나 부인은 얼굴색 하나 변하지 않은 채 태연하게 말했다.

'나는 친구들이 유럽보다 이태리 일주가 더 좋겠다고 해서 갑자기 바꾼 거지. 산토리니 섬도 보고, 이 코스가 조금 더 나을 것 같다고 해서 말야.'

갑자기 부인은 옆에 서있던 여고 동창팀 중 한 명의 손을 잡아 자기 쪽으로 끌어당기며 말했다.

'안 그래 현정이 엄마? 말 좀 해봐'

얼떨결에 현정이 엄마가 된 여자는 그동안 뒤에서 수군댔었던 사실을 잊었는지 얼어붙은 표정으로 말했다.

'어어……. 그…랬지……. 근데 왜 바꿨다는 말 안했어? 우리는 다 말하고 왔는데…….'

현정이 엄마 덕분에 당당해진 부인과 죄인이 된 남편, 얼이 빠진 내연녀 세 사람은 일정을 포기하고 한국으로 돌아갔다고 한다.

버스 안은 한동안 웃음바다가 되었고, 여행하는 내내 우리 일행들 사이에서는 이 사건이 화제가 되었다.

메테오라에서 내려와 쇼핑센터에 들렀다. 거금 10만원을 주고 치약을 샀다. 11개. 한 개는 덤이었다. 무슨무슨 성분이 들어있다는 김 여사의 입담에 넘어가 홀리듯 쇼핑 바구니에 담아 산 그 조악한(?) 치약들은 아직도 여덟 개가 남아 있다. 양치를 해도 개운치가 않다. 포장지에 쓰여 있는 그 대단한 성분들은 아무리 인터넷 검색을 해보아도 나오지 않는다. 그래도 욕실장안에 고이 모셔져있는 치약들을 볼 때마다, 가이드 김 여사의 특이한 웃음소리와 함께 현정이 엄마 생각이 나서 혼자 웃게 된다.

현정이 엄마는 착한 나무꾼이었을까?

첫눈 속에 맞은 백설공주 외 1편

이 영 승

세상을 살면서 기쁜 일도 많겠으나 이보다 더 기쁜 일이 또 있을까? 늦게 출가한 딸이 마흔에 그토록 기다리던 첫아이를 낳았다. 고희를 몇 달 앞둔 나에게는 첫손주이다.

출산을 위해 휴직을 내고 우리 집에 온지 3일째였다. 예정일이 2주나 남아 느긋했는데 이른 새벽 갑자기 산기가 돌았다. 황급히 차를 몰아 입원시키고 나니 창밖에 첫눈이 펑펑 쏟아졌다. 9cm로 37년 만에 가장 많이 내린 첫눈이란다. 나이든 산모의 초산이라 걱정이 많았는데 14시간의 고통을 참으며 순산했다. 모성애는 강하다는 말이 실감났다. 성이 백(白)씨고, 첫눈 속에 맞은 여아(女兒)이니 백설공주(白雪公主)가 분명하지 않은가?

'손주 자랑 하려면 돈을 내놓고 하라.'는 말이 있다. 실제 그렇게 하는 사람도 종종 있다. 손주 재롱이 얼마나 귀엽고 신기하면 그러할까! 나도 한때 손주 자랑이 식상할 때가 있었다. 나이 더 먹은 나는 자식 출가도 시키지 못했는데 어찌 마냥 들어 줄 수 있었겠는가. 간사한 것이 인간의 마음이던가? 누가 어떤 손주 자랑을 해도 지금은 다 들어줄 수 있을 것 같다.

아픈 애기와 늙는 애기 그리고 손주 자랑은 피해야 할 글감이라지만 오늘은 몇 줄 적지 않을 수가 없다. 자랑은 아니며 솔직한 심경이다. 그동안 재롱부리는 손주 손을 잡고 다니는 어른들이 얼마나 부러웠던가! 무수한 글감이 쏟아져 나올 것만 같아 앞으로 그 금기를 지킬 수 있을지 모르겠다.

결혼 후 1년이 지나도록 애기가 들어서지 않아 노심초사하던 아내가 이제야 한숨을 돌리는 듯하다. 이를 지켜보는 나 또한 살맛이 난다. 이토록 새로운 활력을 찾게 해 준 딸아이가 참으로 고맙다. 50여 년 전 어머니가 첫손자를 보고나서 그토록 기뻐하시던 모습이 눈에 선하다. 그때의 어머니 심경을 이제야 알 듯하다.

산후조리원에 있는 딸과 사위가 수시로 애기의 사진을 보내온다. '베베캠'이라는 앱을 다운 받으니 CCTV에 의한 애기의 동영상도 볼 수 있다. 태어난 지 일주밖에 지나지 않았는데 어쩌면 이렇게도 이목구비가 곱고 선명한지……. 때로는 눈을 맞춰주는 듯하고, 웃는 것 같기도 하다. 예전에 우리 아이들을 키울 때도 그랬던가? 신비롭기 그지없다. 남들에게 보이고 싶은 충동마저 느낀다. 아내는 시도 때도 없이 사진과 동영상에 몰입되어 눈을 떼지 못한다. 어쩌다 애기가 눈이라도 깜박하면 신기하여 어쩔 줄을 모른다. 나도 동영상을 앞에 놓고 수시로 보면서 자판을 두드린다. 아이가 자란 후 읽으리라 생각하니 가슴이 뛴다.

아내가 외조부 자격으로 아이 이름을 지어보라고 했다. 고심 끝에 백설주(白雪珠)로 지었다. 백설공주(白雪公主)에서 공자를 빼고, 주(主)자는 구슬 주(珠)로 바꾼 것이다. 흰 눈과 같이 순수하고, 진주처럼 초롱초롱 빛나게 자랐으면 하는 마음에서다. 이설주와 이름이 같다하여 선택되지는 못했지만 내 마음속에는 이미 '백설공주'로 자리 잡았다.

1년 후 딸이 복직하면 우리가 맡아 키워줄 예정이다. 그때는 아장아장 걸을 수 있겠지? 1년이 빨리 흘렀으면 좋겠다. 어려서는 온갖 재롱 다 부리고, 자라면서 집안에 웃음꽃 활짝 피우리라. 상상만 해도 가슴이 두근거린다. 내 할아비로서 아무리 사랑을 준다한들 받는 기쁨에 어찌 비하겠는가!

– 2018. 12.

비자금

이 영 승

오늘날 가정에서 곳간열쇠는 어떻게 관리되고 있을까? 크게 두 가지 유형이 있을 것 같다. 남편이 관리하면서 아내가 생활비를 매달 받아쓰는 경우와 아내가 관리하면서 남편이 필요한 용돈을 수시로 받아쓰는 경우이다. 어느 방법이 더 좋은지는 잘 모르겠다. 내 경우는 아내에게 주로 맡기고 거의 관여하지 않는 편이다. 하지만 내가 돈을 쓰는데 대해 아내의 간섭이 심했다면 곳간열쇠는 아마도 내 손에 있지 않을까 싶다.

솔직히 돈 관리보다 더 머리 아픈 일은 없다. 어떤 책에서 보았다. 장수 비결은 무엇보다 나이 들어 스트레스를 덜 받는 것인데 스트레스가 가장 큰 것이 바로 돈 관리라 했다. 예를 들면 몸에 일억만 지녀도 불안하여 운신을 제대로 할 수 없는 것이 돈이란다. 그 골치 아픈 돈에 신경을 덜 쓰는 나는 분명 장수할 것 같다.

정년퇴직을 앞둔 무렵이다. 한 선배가 "퇴직 전에 반드시 비자금을 만들어놓아야 된다."고 했다. 나와는 상관없는 얘기 같아 흘려들었다. 그런데 몇 번 듣다 보니 지나쳐 들을 얘기가 아닌 듯도 했다. 그렇다고 이제 와서 비자금을 만들 수도 없지 않은가? 이일을 어찌하면 좋으랴!

비자금 한 푼 없이 퇴직을 했다. 돈을 쓸 때마다 아내에게 달라고 하는 것이 번거롭고 구속받는 것 같았다. 백수의 자격지심일까? 왠지 미안하기도 했다. 언젠가부터 비자금에 대한 선배의 역설이 옳았다는 생각이 들었다. 어느 날 분위기를 봐서 아내에게 비자금을 갖고 싶다는 말을 슬쩍 꺼냈다. 아내의 반응이 궁금했다. 그런데 의외로 내 의견에 쾌히 동의를 했다. 얼마가 적당할지를 묻기에 깎자고 할지도 몰라 5천만 원이면 되겠다고 했다. 금액에 대해서는 아무 이의도 제기하지 않은 채 나중에 관리가 불편하면 얘기하라고만 했다. 거짓말 같지만 결혼 후 나는 은행 문턱도 가지를 않아 예금 찾는 일도 서툴다. 아마도 그것을 걱정하는 것 같았다.

다음 날 은행에 함께 갔다. 4천만 원은 정기예금을 하고, 천만 원은 보통예금을 했다. 아내가 알고 있으니 완전한 비자금이라 할 수는 없다. 그러나 어디에 얼마를 썼으며 잔액이 얼마인지도 모르니 비자금임에는 분명하다. 비자금 아닌 비자금 통장 2개를 받아 쥐니 조금 겸연쩍기도 했다.

요즘은 신용카드 시대다. 소액까지도 카드를 쓰다 보니 현금 쓸 일이 별로 없다. 1년이 지났을 무렵 내 예금통장에서는 미처 백만 원도 빠져나가지를 않았다. 다음 해에도 별 차이가 없었다. 결국 3년째 되는 해에 통장 2개를 모두 자진 반납해버렸다. 쓰지도 않는 돈을 괜히 통장에 묶어 놓고 사장시키는 것 같았기 때문이다.

얼마간 세월이 흘렀다. 내가 번 돈인데 일일이 달라고 하는 것이 자존심 상하는 것 같았다. 나는 기사 자격증이 다섯 개 있다. 그중 하나를 관련업체에 적을 두고 비상주 근무를 한다. 급여는 00만원이다. 그러니 엄격히 백수는 아닌 셈이다. 아내에게 다시 제의했다. 통장을 모두 돌려줬으니 월급은 매달 현금으로 찾아서 몽땅 나에게 달라고 했다. 비자금인 만큼 어디에 쓰는지는 일체 관심 갖지 않는다는 조건을 붙여 응낙 받았다. 작은 돈이라 생각했는데 웬만큼 써도 매달 잔액이 불어났다. 가끔 의미 있는 목돈도 쓸 수 있게 되었다. 물론 통제 받지 않는 신용카드가 있어서다.

요즘 나는 부자인양 착각 속에 살고 있다. 가진 것이 없다고 해서 마음까지 가난할 수는 없지 않은가? 집안행사나 명절 때면 작은 돈이나마 인색하지 않으려고 애쓴다. 지인들과 모이면 지갑 열 기회를 살피기도 한다. 모두가 나의 비자금 덕분이다.

– 2015. 10.

외숙모의 누름돌

문 학 희

오늘도 외숙모는 아궁이 앞에 앉아 마른 깔비(솔잎)을 수도 없이 넣어가며 끝없이 불만 뒤적인다.

"외숙모 나 왔어요."

"오냐, 니 왔나?"

짤막한 대화에 나는 멀쑥해서 자리를 떠 외양간으로 갔다.

쉼 없이 침 흘리며 여물을 되새김하는 소의 입놀림이 말없이 불만 뒤적이던 외숙모의 손놀림과도 흡사했다.

닭이 알을 낳았나 보고 싶은데 짚으로 만든 닭 둥지는 내 키가 닿지 않아 볼 수가 없다. 할 일 없어 다시 부엌으로와 외숙모 옆에 조용히 앉았다. 무슨 말인지 혼잣말로 하던 말을 끊고 숙모는 일어나 밖으로 나가신다. 숙모가 불을 뒤적이던 부지깽이를 들고 불을 뒤적이려 했지만 그 길던 부지깽이는 다 타고 솔잎을 밀어 넣기가 어려웠다.

여느 때는 누구보다도 더 반가워하시며 손을 잡고 불앞에 앉혀 놓고 미리 따끈하게 구워놓은 고구마를 손수 벗겨 입에 넣어 주시곤 하던 숙모이시다.

그런데 오늘은 무슨 일일까? 외할머니께 싫은 소리를 들으셨나.

숙모님은 둘째 외삼촌댁이시다. 청도에서 시집오셨다고 청도댁으로 불리운다. 외숙모는 자태가 곱고 범절이 뛰어나 종친어른들의 칭송이 자자하고 동네 아낙들의 귀감이며, 그 고을의 표상이시다. 작은 얼굴에 검은머리 동백기름 발라 정중앙 가르마를 타서 양옆으로 참빗으로 빗어 내린 흑단의 머리채를 틀어 은비녀를 꽂아 주면 합죽선 조선여인의 한 폭 그림이다. 시모이신 우리 외할머니께서는 대농(大農)의 안살림을 이끄시는 분이시라 개미허리에 작은 얼굴, 나즉한 키가 약골로 보이는 숙모의 외모가 조건 없이 불만이시다. 봄에는 옥양목, 여름엔 모시, 가을 겨울엔 무명으로 옷 갈아입으시며 긴 행주치마에 머리엔 흰 무명수건을 두른 외숙모님은 참으로 고우시다. 지금생각해도 손색없는 미인이시며 부자 집 예쁜 마님이시다.

외삼촌은 객지생활에 집에 오시는 횟수가 뜸하다. 사업 때문에 자주 못 오시기에 시어머님께 당하는 설움을 혼자 삭혀야 하기 때문에 아궁이 불만 뒤적이는 습관이 생기신 모양이다. 외할머니는 수하 사람 다스리기엔 더없는 품격이시나 외숙모로선 말 못하는 속앓이가 있지 않으셨을까 하는 생각이 든다. 속상할 때면 고작해서 문 밖 앞산만 바라보고, 그것도 잠시 아랫사람 눈에 띌 새라 빠른 발길 되돌리곤 하신다. 밤이면 여러 식구의 버선을 일손 돕는 아주머니들이 기워놓은 것들을 몫을 지워 쌓아놓고 때론 보자기에 싸서 옆에 밀어 놓았다 날 새면 옮기곤 하셨다.

지금 생각해보면 내가 겪은 두 차례 큰 전쟁(세계 2차 대전, 6.25 사변)이 나를 힘들게 했고 국가나 가정으로선 큰 불행의 연속이었으나 나를 철들게 하고 나에게 제2의 고향을 선물해준 것은 내 人生에서 얻은 행운(?)이기도 하다. 내가 피난을 가지 않았으면 영영 농촌을 모르고 지내지 않았겠는가?

동네에 불이 나 아들이 무서워 떨고 있으니 그 아버지의 하는 말 “우린 태울 집이 없어 다행이지 않냐?”라는 말과 맥이 같을는지?(웃음)

충주호가 생기기전 단양이나 충주로 여행할 때면 으레 껏 냇가의 매끈한 큰 돌을 몇 개씩 주어다 집에 두곤 했었다. 겨울 김장철 김칫독에 누름돌로 쓰기 위해서였다. 누름돌로 김치를 눌러주면 묻어놓은 김치는 다음해 여름까지도 맛이 변치 않고 제 맛을 내는 맛있는 김치로 여름 밥상을 즐겁게 해준다. 숙모님은 마음의 고통을 김치 누름돌처럼 꾹꾹 눌러 잠재우게 한 것은 아궁이 앞 부지깽이가 짧아질 때까지 참고 견뎌 내셨기에 그 가정을 지키며 외삼촌과 백년해로를 하시지 않았나 생각해본다.

때늦은 감이 있으나 천상에서 곱게 계실 외숙모님 영전에 노년의 한 줄의 글이 위안이 되기를 바라는 마음에서 멀리 띄워 보내려 한다. 언제고 끊임없이 누름돌로 마음을 다스리던 숙모님의 넓은 지혜가 요즘 세대에도 전달되었으면 하는 마음도 함께 담아 보낸다.

아주메 이제 그만 하이소
부지깽이 다 타면 우짤라고 –
아주메 이제 그만 두이소

부지깽이 자투리 이제 얼마 안남았심더
아주메 이제 그만 일라이소

부지깽이 만들 나무도 없심더

아주메 외삼촌 오시나 삽작에 나가보이소
한숨소리에 부지깽이 타는 소리 안들리는교?
아주메요, 밖에 신발소리 들리니이다!!

그제사 일어나 담 밖으로 눈길 돌려 먼 산을 본다
황금벌 한가운데 다람쥐 노는 도토리 나무숲
아주메 젊은 꿈 숨겨 놓은 옥산이 섰다
옥산 참나무 잎은 아주메 한숨으로 붉게 물들고 있나보다.

아주메요, 이제 그만 편히 쉬이소.

꽃길만 걷자 외 1편

최 승 희

아직 동이 트지 않은 새벽, 아침밥도 한 술 못 뜬 공복이지만 기차 타러 가는 길은 고되기는커녕 발걸음마저 가볍다. 남편, 아이와 함께 모처럼 짬을 내어 군항의 도시 '진해'로 가는 길이다. 결혼 직후 당시 남편의 군 복무지였던 진해로 향하던 길은 갓 시집온 새댁의 기대감과 흥분으로 가득했었다. 지나온 세월만큼의 나이를 먹고, 그때는 없었던 열한 살짜리 아들과 함께 다시 그곳으로 향하는 지금은 설렘과 아련함, 애틋함이 뒤섞인 다양한 감정의 한 가운데에 있다.

2년 반의 군 복무를 마치고 다시 서울로 생활 터전을 옮기던 당시엔 마음만 먹으면 이 정든 도시에 어렵지 않게 올 수 있으리라 생각했는데, 웬걸. 다시 찾아오는데 14년이나 걸렸다. 마침 군항제 기간에 방문하게 되었으니 감회는 더욱 새롭다. 이미 며칠 전부터 각 일간지엔 군항제를 앞두고 진해에 벚꽃이 피었음을 알리는 단독 기사가 소개되기 시작했다. '개화' 자체가 전국발 단독 뉴스가 되는 참으로 귀한 꽃이다. 사실 군항제 기간에 딱 맞추어 벚꽃이 피는 게 쉬운 일이 아니다. 실제로 2005년 진해를 방문하셨던 양가 부모님들은, 이상 기온 때문에 개화가 더뎌져 아직 몽우리만 맺힌 벚나무만 보고 상경하셨던 기억이 난다. 올해는 군항제 개막일에 맞춰 꽃망울을 터뜨려준 벚꽃 덕분에 상춘객들의 표정은 행복감으로 충만하다. 우리 가족 역시 팝콘처럼 피어있는 왕벚나무 사이에서 쉽게 볼 수 없는 황홀한 풍경에 취해있다.

우리가 떠나있는 동안 '경상남도 진해시'는 도청소재지인 창원시에 편입되어 행정구역상 '경남 창원시 진해구'가 되었다. 아들에게 엄마 아빠가 신혼생활 했던 곳을 보여주고 싶어서 우리가 살았던 해군 장교용 관사를 찾아가보니, 낡고 허름했던 저층아파트는 오간데 없고 그 자리에 고층 유명 브랜드아파트가 들어서있었다. 우리가 살던 당시 이미 증축된 지 30년을 훌쩍 넘긴 낙후한 시설이었으니 그사이 재건축된 것도 무리가 아니다. 정말 좁고, 춥고, 지저분했던 숙소였는데, 그래도 다시 찾아보고 싶은 마음이 생긴 것은 우리의 신혼시절을 보낸 장소였기 때문이리라. 아파트는 새로 지어졌어도, 내가 국거리며 카레용 고기를 사러 자주 다녔던 집 앞 정육점과 가끔 쌀가루를 빻으러 다녔던 방앗간은 그대로였다. '복개천'이라고 불리던 먹자골목으로 걸어 가보니 단골 노래방 '낭랑18세'도 자리를 지키고 있다. 화교가 운영하는 맛집이었던 중국음식점 '신생원'은 원래 집 근처였는데, 오히려 사세를 확장해 진해 시내 번듯한 건물에 자리를 잡고 있다. 마침 저녁시간이라 식사도 할 겸 들어가 보니 10여 년 전 근무하던 직원들 얼굴이 너무나 낯이 익어 놀라울 정도다. 주문한 오향장육 또한 그때의 맛 그대로라 새록새록 추억 여행에 재미 하나를 더 해준다.

1년 6개월간의 미국 생활을 마치고 2월 중순 칼바람 속에 이민가방을 이고지고 귀국한 이후, 다시 한국 생활을 재정비하느라 눈코 뜰 새 없이 바쁜 날들이었다. 겨울도 봄 날 같던 샌디에고에 있다가 돌아오니 살을 에는 추위 또한 괴로움 중 하나였다. 나야 짐 정리, 아이 학교 재입학 수속 등 몸으로 뛰는 일이 대부분이지만, 여유로웠던 미국 생활에 비하면 전쟁터와 다름없는 직장과 학교로 복귀해 적응해야하는 남편과 아이의 피로도는 나의 그것에 비할 바가 아니었을 것이다. 봄이 되면서 부터는 심각한 미세먼지가 짜증을 더했다. 덥지도 춥지도 않아 '바람이 달콤해지는' 게 바로 딱 이 즈음인데……. 이 축복받은 계절에 창문을 꼭꼭 닫고 답답한 마스크를 필수품처럼 쓰고 다니려니, 당연히 누려 마땅한 소중한 걸 빼앗긴 듯한 억울함이 올라오면서 쾌적한 캘리포니아의 봄 날씨가 생각나 공연히 심술까지 나는 것이었다. 게다가 한국의 아이들은 어찌나 바쁜지, 귀국하자마자 학교 새 학년보다 먼저 시작된 학원 스케줄에 나도 아이도 정신이 쏙 빠진 상황이었다.

1박 2일간의 주말여행도 쉽게 짬을 내기 힘든 와중이었지만, 한숨 돌리고 가자 싶어 큰맘 먹고 진해로 향했고 이 계획은 소기의 목적을 달성한 것 같다. 축제는 사람을 여유롭게 만들고, 화려하진 않지만 옛 추억이 가득한 이 도시는 마음을 촉촉하게 해준다. 꽃놀이 나온 사람들 물결과 교통체증 속에서도 그다지 짜증스럽지 않다. 사람들보다도 더 많은, 빼곡하게 핀 벚꽃들은 정신없었던 지난 몇 주간에 대한 보상 같다. 반복적인 일상에서 벗어나 여유로운 봄 정취에 흠뻑 빠져보니 그 동안 왜 그리 조급하게 달려왔나 싶다. 시간이 지나면 모두 추억이 되는 것을. 바람이 불자 벚꽃 잎이 하늘하늘 날려 마치 꽃비가 내리는 것 같은 장관을 이룬다. 이 순간이 내 옆의 두 남자에게도 그간의 고단함에 대한 위로가 되기를 바래본다. 굽이굽이 인생길에서 한 템포 쉬어가는 오늘의 이 여유와 지혜를 잊지 말기를. 우리, 꽃길만 걷자.

大入을 대하는 우리의 자세

최 승 희

올해도 대학수학능력시험이 거국적으로 무사히 치러졌다. 생각보다 어려운 '불수능'이었다는 평가가 이어지고 있다. 다행히 지진으로 인해 수능이 한주 미뤄졌던 작년과 같은 극적인 상황은 벌어지지 않았다. 하지만 경찰차, 택배오토바이 등에 실려 시험시작 직전에 초치기로 고사장에 입실했다는 수험생 소식은 올해도 어김없이 들려온다. 공교육 12년간의 노력을 총망라하는 이 중차대한 시험에 어떻게 늦을 수가 있는지, 시험 전날 고사장 확인을 위한 예비소집행사가 있음에도 불구하고 왜 엉뚱한 학교를 찾아 헤매다 결국 경찰차 신세를 지는지, 언뜻 생각해보면 이해가 되지 않는다. 하지만 나는 입이 열 개라도 할 말이 없다. 이십 여 년 전 나도 비슷한 에피소드가 있기 때문이다.

어디 한 해라도 대학입학이 쉬웠던 시절이 있겠느냐마는, 내가 고3이던 1994년의 입시상황은 그야말로 혼란의 도가니였다. 학력고사가 폐지되고 대학수학능력시험이 시행된 지 겨우 만 1년 되던 때다. 대학별 입시요강이 전부 제각각이라, 목표로 하는 학교의 요구에 맞춰 입시를 준비해야했다. 내가 지망하는 학교는 내신과 수능 성적 이외에 별도로 '대학별 본고사' 성적이 포함되기 때문에, 수능 시험이 끝난 후에도 해방감을 느낄 여유 없이 바로 대학별 본고사 과목인

국어, 영어, 수학, 논술, 제2외국어 준비에 여념이 없었다.

드디어 본고사날 아침이 밝았다. 본고사 장소는 내가 지망한 사범대 건물의 한 대형 강의실이었다. 부모님과 함께 차를 타고 가며 무슨 생각을 했었는지는 기억이 나지 않는다. 다만 성수대교를 건너면서부터 평일 아침 출근길 차량이 참 많다는 느낌을 받기 시작했을 뿐이다. 경동시장 근처부터는 아예 차가 움직이지 않을 정도로 막히기 시작했다. 수험생인 나보다도 운전대를 잡고 있던 아버지가 더 긴장한 표정이었다. 하긴, 방향감각도 없고 지리도 잘 모르는 나는 그저 '아빠가 어떻게든 데려다주시겠지' 하고 있었을 것이다. 내비게이션이니, 교통정보앱이니 하는 것들이 나오기 전의 일이니 예상도착시각도, 덜 막히는 빠른 길도 알지 못한 채 일단 학교 방향으로 엉금엉금 진행할 뿐이었다.

드디어 도로표지판에 학교명이 보이기 시작했지만, 이대로라면 강의실에는 제 시각에 도착할 리 만무한 상황이었다. 결국 나는 엄마와 함께 무작정 차에서 내려 캠퍼스를 향해 뛰기 시작했다. 훗날 부모님과 기억을 더듬어 우리가 내린 곳을 되짚어보니, 안암로터리 쯤이 아니었나 싶다. 통학중인 학생들을 붙잡고 사범대 건물이 어디냐고 물으니, 여기는 공대 캠퍼스라며 완전히 다른 방향을 가리킨다. 지금 생각해보면 얼마나 무모했는지, 본교 캠퍼스와 공대 캠퍼스가 서로 나뉘어 있었다는 사실도 모른 채 학교 이름이 쓰여 있는 표지판만 보고 냅다 뛰기부터 한 것이다.

안암로터리 부터 뛰기 시작해 참살이길을 지나 정경대 후문까지 미친 듯이 달리다 뒤를 돌아보니, 엄마가 한참 뒤쳐진 채 하얗게 질려서 헐떡이며 따라오시는데 이러다 쓰러지시는 거 아닌가 싶을 정도였다. 여기서부턴 나 혼자 가면 되니 엄마는 아빠랑 만나기로 한 주차장으로 가보시라고 하고, 나는 다시 달리기 시작했다. 이십 여

년이 흐른 지금까지도 엄마가 "우리 애가 그때 참 의젓하고 의연했다(!)"며 회고하시는 대목이다.

사람이 막바지에 내몰려 급해지기 시작하면 얼마나 초인적인 힘이 솟아나는 것인지, 정말 거짓말처럼 시험 시작 1분여를 남겨놓고 무사히 강의실에 당도했다. 그야말로 본교 캠퍼스의 '끝에서 끝'인 정경대와 사범대를 과연 몇 분 만에 주파했는지 시간을 재어보지 못한 것이 아쉬울 정도다. 이미 자리를 잡고 앉아있는 시험 직전의 응시생들은 가쁜 숨을 내쉬며 들어오는 내 모습 따위는 안중에도 없었고, 나도 정신줄을 부여잡으며 숨을 고르기 시작했다.

2과목 시험이 끝나고 점심시간이었다. 도시락을 펼치기 전에 집에 전화부터 드렸다. 공중전화 수화기 저편의 엄마는 그때까지도 기침을 하고 계셨다. 고사장에 늦은 건 아닌지, 전력질주 후에 시험을 망친 건 아닌지 별 생각이 다 들던 중에 받은 전화라 너무나 반가워하셨고, 의외로 평온한 내 목소리에 안도하시는 듯 했다. 무사히 합격한 후 신입생이 되고 한참 후 까지도, 평지도 아닌 이 캠퍼스를 대체 무슨 수로 그렇게 빨리 달려갈 수 있었나 속으로 웃으며 신기해하곤 했다.

지금은 그냥 재미있는 이야깃거리가 되었지만 당시엔 아찔했던 에피소드를 남기고 꿈에 그리던 대학생이 되었을 땐 정말 세상을 다 가진 것 같았다. 하지만 특별할 것만 같았던 환상 속의 대학생활도 결국 일상이 되었고, 그렇고 그런 날들과 함께 나이를 먹어, 이십 여 년 전 나랑 같이 달리다 하루 종일 기침을 하던 당시의 우리 엄마 나이와 가까워져가고 있다. 내 어린 날의 추억 한 자락인 대학입시가 이제 10년 안에 내 아이도 거쳐 가야 할 관문으로 다가오는 것을 보니, 나도 나이를 먹긴 먹었나 보다.

1초(一秒) 차이로 외 1편

이 제 홍

부여에서 서울로 돌아오는 날,. 미세먼지로 전국이 뿌옇다가 모처럼 맑고 화사한 하늘로 바뀌어서 그런지 살짝 들뜬 기분이 들며 잔잔하게 틀어놓은 발라드 음악이 쏙쏙 귀에 들어왔다. 특별히 좋은 일이 있었던 것도 아니니 다분히 날씨 탓이었으리라. 가벼운 콧노래를 부르며 운전하다 보니 어느덧 부여를 벗어나 공주에 들어섰다. 바로 그때 KTX 공주역이 쓰인 도로 표지판이 나타나기 시작했고 도로 표지판이 나타날 때마다 어김없이 눈길이 따라갔다. 그간 이 길을 오가며 숱하게 봤을 그 글자가 오늘 따라 생뚱맞게 눈길을 확 사로잡은 것이다. 공주역이 생긴 이후 한 번도 가보지 않은 곳, 그래서 한 번쯤은 가보고 싶었던 그곳이 궁금해서 운전대를 돌렸다.

멀리서 보이는 공주역은 거대했다. KTX가 정차하는 곳이니 그만한 길이의 플랫폼도 필요하고, 그만한 크기의 역사(驛舍)도 있어야겠지……. 거대한 역사 앞에는 그에 걸 맞는 넓은 주차장도 마련되어 있었지만 몇 대의 차량만이 세워져 있어 휑한 느낌이 들었다. 오가는 사람이 거의 보이지 않는 역 앞 택시 승차대에는 서너 대의 택시가 무료하게 손님을 기다리고 있었고, 버스는 한 대도 보이지 않아 거대한 역사가 외려 을씨년스럽게만 보였다. '에이, 이런 모습을 보려고 일부러 돌아왔어? 차라리 보지 말 것을…….' 곧바로 서울로 향했다.

2~3Km쯤 갔을까? 전방에 나타난 도로 표지판에 직진 방향으로 공주역이 표시되어 있었다. '이런! 길을 잘못 들었구나!'하는 생각을 하며 차선을 바꾸려는 순간 마치 유령처럼 트럭 한대가 스치듯 지나갔다. 그리고 슬로비디오처럼 차 앞으로 범퍼가 튕겨져 나가는 모습이 보였다. 차를 멈추고 내려서 살펴보니 과속방지턱을 조심스럽게 지나간 것 같은 정도의 충격밖에 없었는데도 차 몰골이 말이 아니었다. 10년 동안 사고 한 번 내지 않았고, 그 10년 동안 딱 1장의 범칙금만 냈을 뿐인 내 애마가 피범벅이 되어 있었다. 견적을 받아보니 치료비가 300만원을 훌쩍 넘었다.

몸이 멀쩡해서였을까? 당황스런 마음 대신에, 안도하는 마음 대신에 허탈한 웃음이 나왔다. 그냥 다니던 대로 서울로 왔더라면 아무 일도 없었을 텐데 왜 공주역을 보려고 낯선 길로 접어들었다가 이런 일을 당했는지 황당하기만 했던 것이다. 한편으로는 1초만 빨리 차선 변경을 했더라면 범퍼 대신 내가 차 앞으로 튕겨 나갔을 지도 모른다는 생각이 들어 갑자기 전신에 소름이 쫙 돋았다. KTX공주역 구경 값을 톡톡히 치른 것이다.

엄홍길 휴먼재단의 네팔지부장이 13번째 휴먼스쿨 준공식을 하루 앞두고 예기치 않은 사고로 목숨을 잃었다. 13번째 휴먼스쿨은 2015년 4월에 발생한 네팔지진의 진앙이 있던 고르카에 지어졌다. 지부장은 지진으로 폐허가 된 마을에 희망을 안겨줄 학교를 완공하고, 준공식 준비를 모두 마친 뒤 숙소로 돌아가다 변을 당한 것이다. 그의 숙소는 약간 높은 언덕에 있었는데 학교와 숙소 사이에는 나란히 놓인 두 개의 길이 있다고 한다. 그는 멀지만 완만한 경사의 오른쪽 길로만 다녔는데 무슨 얄궂은 운명이었는지 그날은 짧지만 경사가 급한 왼쪽 길을 따라 귀가했단다. 불행의 시작은 사고 나기 이틀 전에 내린 많은 비였다. 그로 인해 지반이 약해져 있었는데 오른쪽 길에 있던 큰 바위가 왼쪽 길로 굴러 떨어져 마침 그곳을 지나던 지부장을 덮친 것이다. 그가 늘 다니던 대로 오른쪽 길을 택했더라면 아무 일도 없었을 텐데……. 설사 왼쪽 길을 택했더라도 조금 빨리 혹은 조금 늦게 그곳을 지났더라면 죽음까지는 이르지 않았을 텐데……. 참으로 황당하게 그는 목숨을 잃은 것이다. 삼가 고인의 명복을 빈다.

눈 깜짝 할 사이에 한 사람은 불행을 면했고 다른 한 사람은 목숨을 잃었다. 찰나의 순간에 극단적으로 다른 결과가 나타난 것이다. 눈 한번 깜짝할 시간, 그 시간이 1초쯤 될까? 그렇게 짧은 시간에 사람의 운명이 바뀔 수도 있다니 그 1초를 어찌 가볍다고, 감히 짧다고 말할 수 있겠는가?

– 2018. 3. 28.

무슨 죄가 있다고

이 제 홍

한국의 아름다운 길 100선에 든 전라남도 보성의 '왕벚꽃 터널.' 승용차 두 대가 겨우 지날 만큼 좁은 도로 양쪽에는 한줄기 햇빛도 놓치지 않으려고 벚나무가 하늘을 향해 키를 높이고 있었다. 한여름 녹음(綠陰)에도 이토록 아름다운데 벚꽃이 만개하는 봄에는 어떨까? 구절양장(九折羊腸)처럼 오른쪽으로 꺾이고 왼쪽으로 휘기를 반복하며 15리 동안 이어지는 이 멋진 길을 어떤 이는 아이의 탯줄 같다고 했다. '탯줄?' 이토록 아름다운 길을 그렇게 성글게 표현하는 사람의 심성이 참으로 고약하게 느껴졌다. 길에다 모든 것을 온전히 맡기며 운전하기를 10여 분. 대원사에 도착했다. 백제 무녕왕 3년(서기 503년)에 창건됐다는 유서 깊은 절이다. 비록 여순사건에 채이고 6.25 한국전쟁에 찢기어 쇠락했지만 한때는 호남의 내로라하는 절이었다.

일주문을 들어서니 오른쪽으로 작은 문이 또 하나 있다. '우리는 한 꽃'이라는 현판을 단 일화문(一花門)이다. 문의 이쪽과 저쪽에는 빨간 모자를 쓴 아기동자像이 앉아 있었다. 풍상에 시달리고 사람들이 날린 먼지를 뒤집어 쓴 채 얼마동안인지 모를 세월을 그렇게 버틴 모양이다. 극락전에 들었다. 그동안 하느님이나 예수님에게 고개 한번 숙이지 않았고 부처님에게 엎드려 절 한번 드린 적이 없었는데 이날만은 불전함에 시주하고 어머니와 아내의 건강을 기원했다. 법당을 지키고 있는 보살에게 '극락전 앞에 있는 동자상들은 뭔가요?'하고 물었더니 '세상의 햇빛을 보지 못하고 죽은 아이들인데 아이 잃은 엄마들이 시주해서 만들었습니다. 아이들 가슴에 달고 있는 이름표가 엄마 이름이에요. 저희 절에서는 모든 태아령(胎兒靈)들에게 천도제를 지내줍니다.'하고 친절하게 설명해줬다. 그들을 위로해 주는 사람이 있고 기억하고 안타까워하는 부모도 있다니 참으로 다행이다.

이승과 저승의 사이에는 삼도(三途)의 강이 흐른다. 이 강가 모래밭에는 부모와 자식의 인연이 두텁지 못해 어려서 죽은 갓난아기와 햇빛을 보지 못하고 죽어 간 핏덩이들이 모래밭에서 고사리 손을 모아 탑을 쌓고 있다. 부처님 공덕을 빌어 강을 건너려고 고사리 손으로 돌 하나를 들고 어머니를 생각하며, 다시 돌 하나를 들어 아버지 이름을 부르며 탑을 쌓는다. 그러나 하나의 탑이 완성돼 갈 즈음이면 저승의 도깨비들이 나타나 호통을 치며 방망이로 탑을 부숴버린다. 애써 쌓아올린 탑이 무너져 내리면 어린 영혼들은 그만 모래밭에 쓰러져 서럽게, 서럽게 울다가 지쳐 잠이 든다. 그때 지장보살님이 눈물을 흘리고 나타나 어린 영혼들을 감싸 안으면서 "오늘부터 나를 어머니라고 불러라"하면서 삼도의 강을 건네준다.(대원사 안내문에서)

극락전 앞 양지바른 곳에는 오른손으로 황금색 석장을 짚고 왼손으로 아기동자를 안고 서 있는 태안지장보살(胎安地藏菩薩)상이 있다. 그 주위에는 미소를 머금은 아기동자像들이 빨간 모자를 쓰고 가지런하게 열을 지어 앉아 있다. 맨 머리로 앉아 있는 아기들이 안쓰러워 어느 보살께서 손뜨개로 모자를 만들어 주었단다. 이 녀석들은 그리워하고, 가슴아파하는 어미가 있으니 그나마 다행이다. 하지만 얼마나 많은 태아령들이 버림받고 잊힌 채로 구천을 맴돌고 있을까? 억겁의 인연으로 엄마의 뱃속에 자리를 잡았을 때 무척 기뻐했을 태아들은 자기 뜻과는 상관없이 세상구경도 못하고 삶을 마감해야 했다. 그것도 서러운데 저승으로 갈 노자 돈 한 푼 없고, 노자 돈을 가름하려고 쌓은 돌탑은 도깨비들이 번번이 부수어버리니 그 분노가 얼마나 클까? 저승에 들지 못하고 악귀가 되어 떠도는 태아령들이 세상을 향해 퍼붓는 저주가 들리는 것 같다.

극락전 뒤로 돌무덤들이 보였다. 이런! 삼도천 앞에서 고사리 같은 손을 움직여 돌탑을 쌓던 녀석들을 대신해서 누군가가 대신 쌓아주고 그 위에 빨간 모자를 쓴 아기동자상을 올려놓았다. 녀석들도 만족스러운지 배시시 웃고 있다. 아이들의 극락왕생을 빌며 수관정(睡觀亭)으로 갔다. 작은 방에 관을 들여놓은 곳인데 죽음을 체험해보는 곳이란다. 내 손으로 태아를 죽인 적이 없고, 죽게 한 적도 없는 것 같은데 수관정에 든다는 생각만으로도 두려움이 앞서 그냥 돌아섰다. 세상에! 죽음을 생각하는 것만으로도 두려운데 하물며 죽음을 맞이하는 사람의 심정은 어떨까?

낙태 합법화 논쟁이 치열하다. 여자의 자기결정권을 주장하며 낙태 합법화를 주장하는 사람들이 있다. 낙태는 살인이니 낙태를 허용해서는 안 된다고 주장하는 사람들도 있다. 어떤 이는 태아를 사람으로 볼 수 있느냐는 문제도 제기한다. 누가 옳든 태아에게는 부모를 잘못 만난 것 말고 무슨 죄가 있을까? 그래도 녀석들은 엄마가 그립겠지? 맞다! 왕벚꽃 터널은 인연이 끊긴 엄마에게 닿고 싶은 아이의 탯줄이었다.

— 2018. 9. 12.

옛날이야기 외 1편

- 조각난 영혼들

양 호 인

어린 시절의 일이다. 농한기가 되면 엄마는 화롯가에서 앞집 H와 Y, 그리고 나에게 옛날이야기를 들려주셨다. 그 중의 한 소절이다. 비가 추적추적 내리는 날 밭에서 김을 메다보면 무언가 덜그럭 덜그럭 거리는 것들이 잡힐 때가 많다고 한다. 돌덩이인가 하고 파내려고 안간 힘을 쓰게 된다는 것이다. 돌덩이들이 많이 있으면 농사에 지장이 있기 때문이다. 애써 파낸 덜커덩거렸던 물건은 놀랍게도 사람의 유골이었다. 또 한 가지, 가끔 밭 한가운데에 돌무더기가 쌓여 있어 이를 치울 때가 많았다. 이 또한 농토를 한 뙈기라도 넓히기 위한 엄마의 집념 탓이다. 그 돌무더기를 열심히 걷어내면 거기에도 여전히 사람의 뼈가 소복이 쌓여 있었다는 얘기이다. 사람의 뼈라는 말에 머리끝이 곤두서 있는 우리가 그게 왜 거기 있느냐는 물음에 엄마는 한숨을 푹 내 쉬며 아마도 사변 때 아무도 모르게 죽어간 사람들일 것이라며 그들이 귀신이 되어 구천을 떠돌고 있을 터이니 밤에 나다니지 말라는 말씀까지 덧붙이셨다. 그런 날 밤이면 H와 Y는 100걸음도 안 되는 자기 집을 갈 수 없다며 눈물이 그렁그렁해져 엄마를 쳐다본다. 엄마는 겁쟁이라고 놀리며 그 친구들을 집까지 데려다주곤 하였었다. 그때만 해도 4·3 사건을 입에 올리기가 껄끄러웠던 시절이었으니, 엄마는 우리들에게 옛날이야기라며 들려주곤 하였던 것 같다.

평생을 자식들을 위해 바쁘게 살아오신 엄마는 70이 지나서야 딸인 나와 이런저런 이야기를 할 시간이 되었다. 그 때도 어김없이 마치 옛이야기를 하듯이 말씀 하셨다.

엄마의 바로 위 언니, 그러니까 내게는 셋째 이모이다. 그 이모부는 4·3당시 산(山) 사람, 말하자면 공산주의자(빨갱이)였다고 한다. 엄마의 고향이 원래 산촌이었으니 아랫마을로 시집온 엄마와 달리 이모네는 여전히 산촌에 살았다. 산촌에 사는 사람들은 대부분 여건상 그쪽(공산주의자) 사람들의 요구도 들어줘야했으니 부역자가 될 수밖에 없었다. 그 중에도 이모부는 높은 직책을 가지고 있었다고 한다. 반면 아버지는 아랫마을에서 마을 일을 보고 있었으니 당연히 정부군의 통제를 받았다. 이모부는 걱정이 되었는지 가솔을 우리 집으로 보냈다. 남들이 알면 난리가 날 일이었지만 우리 부모님이 살던 마을도 이미 소개되었을 당시여서 바닷가 마을에 사는 고모할머니 댁에서 신세를 지는 형편임에도 이모네 식구들을 소 외양간의 뒤쪽을 막아 숨겨주었다고 한다. 얼마 지나지 않아 이모부는 돌아가셨고 이모는 그렇게 4·3유족이 되었지만, 4·3유족에 대한 복권이나 사면은 말도 꺼내보지 못한 채 돌아가셨다. 이모부가 진짜 공산주의자였는지는 누구도 알지 못한다. 이모조차도. 이모가 돌아가실 때까지 누구도 그 얘기를 꺼낸 적조차 없다. 다만 산에서 높은 사람이었다고 하니 공산주의자였나 보다 할 뿐. 그 후로도 우리 가족은 누구도, 그 서슬퍼렇던 이승만 정부 때도, 박정희 정권 때도, 지금까지도 이모부가 공산주의자였다는 말을 하지도 내색하지도 않았다. 비단 우리 가족뿐만이 아니다. 4·3때 각 마을에는 이런 가족과 친척, 이웃이 비일비재하였지만 누구도 그 일을 입에 올리지 않고 살아왔다. 마치 금기시된 일처럼, 내가 자라는 동안 누구에게도 들을 수 없었던 그때의 적대적 감정들은 숨겨져 왔었던 것 같다. 아니 어쩌면 적대적 감정 따윈 없었을지도 모른다. 되새겨봐야 서로 아프기만 한 과거였을 뿐. 누구의 잘못도 아닌 일부 과격한 공산주의자와 정부군과의 틈바구니에서 희생당해야 했던 제주인의 아픈 과거였을 뿐이었기 때문이리라.

100여 호밖에 안 되는 우리 동네에는 여러 집이 한날에 제사를 지내는 날도 있다. 어릴 때는 아무런 관심도 없었지만 머리가 크고 나서 이상하다는 생각이 들었다. 엄마는 산(山) 사람들이 그랬는지, 아랫사람들이 그랬는지 알 수 없지만 하룻밤에 한 곳에 모아놓고 죽여 버려서 그렇다고 하셨다.

며칠 전 내 지인은 평양에서 전쟁을 피하여 제주도의 화순으로 피난 갔었다고 한다. 4·3사건이 발생하자 산(山)사람들이 내려와서 무작위로 사람을 죽이고 사람들의 코도 베어가고, 귀도 베어가고, 목도 따갔다는 것이다. 죽임에 대한 숫자를 확보하기 위해서였단다. 그 분의 나이 그때 13,4세일 때이니 그 기억은 정확하다며 지금 4·3에 대한 재조명에 울분을 토하셨다. 공산당(빨갱이)을 피해 제주도까지 내려갔는데 그곳에서 또다시 그런 일이 발생하자 부산으로 피난지를 옮겼다. 그때에는 산(山)사람이 아랫사람이라 칭하며 그러기도 하고, 아랫사람이 산(山)사람이라 칭하며 그러기도 하였던 일이 비일비재하였다고 한다. 제주도민들은 누구도 믿을 수 없었고, 누구의 청도 거절 할 수 없었던 진퇴양난의 기로에서 두 진영의 희생양이 되었던 것 같다.

그 아픈 4·3의 결과는 그 당시 30만이었던 제주도민의 10%인 3만이 희생되었다. 그 뿐만이 아니다. 그 이후 6·25전쟁이 발발하자 제주도민들은 중앙정부가 제주도민을 공산주의자로 낙인찍는 게 두려워 인천상륙작전에 3,000명의 생때같은 자식들을 제주해병이라 칭하여 내어 놓아야 했다. 그들은 인천상륙작전에서 귀신 잡는 해병의 일원이 되었다. 그 중에는 우리 삼촌도 있었다. 지금까지 제주도민들은 누구도 그 사건의 결과에 대해 양 진영을 원망하거나 질타하지 않고 살아왔다. 그저 한 시대의 슬픈 역사를 가슴에 묻고 서로 입에 올리지 않았으며 여러 집이 같은 날에 제사 지내는 이유조차 말하지 않고 살아왔다.

지난 4월 3일, 4·3 70주년을 맞아 문대통령도 제주도를 찾았다. 제주 4·3의 역사적 진실을 바로잡고 침묵해온 불명예를 회복하고 보상하기 위해서라고 한다. 제주 4·3문제가 공권력에 의한 희생이었든, 공산주의자들에 의한 희생이었든 희생의 당사자는 제주도민일 뿐이다. 모두가 친척이고 모두가 형제처럼 살아온 그네들의 상처를 다시 돋우어 생채기를 키우는 것은 아닌지 우려스러운 것은 엄마의 옛날 이야기가 귓전에 맴돌기 때문인가 보다.

4·3 희생자를 추모하고 재조명한다는 미명하에 정치권이 이를 다시 이용하려 든다면 제주인 들을 또 다시 4·3 때와 같은 이분법적 논리에 휘둘리게 하여 70년을 한결같이 이해하고 용서하며 살아온 이들을 갈라놓는 우를 범하게 될 것이다.

진정 제주의 4·3을 재조명하고 3만 희생자와 그 유족 6만을 위한다면 정치적 논리는 한 톨도 끼워 넣지 말아야 할 것이다.

엄마의 옛날이야기에 등장했던 덜거덕 거리던 유골 또한 그 시절 희생자들의 것임을 굳이 말하지 않아도 알 수 있음은 엄마의 눈가가 촉촉해져 있었음을 느꼈었기 때문이다. 어쩌면 옆집 아저씨, 아니 이 모부의 것이었는지도 모를 일이니.

오랜 침묵의 세월동안 들판에 뒹굴던 뼛조각처럼 영혼마저 조각 나버린 희생자들의 영전에 고개를 숙인다.

- 2018. 4. 7.

보문사의 겨울 그리고 가을

양 호 인

10월의 따사로운 햇살이 눈부시다.

감기에 걸린 지 일주일이 넘어가는데도 나아질 기미가 보이지 않는다. 감기 정도에 치여 이 좋은 계절에 코흘리개 어린 시절 친구들이 제주에서 강화도까지 온다는데 안 갈수가 없다. 작심하고 병원으로 갔다. 링거라도 맞고 가야 할 곳이란 생각이 들었기 때문이다. 내 어린 시절 동심을 불러내고 싶은 간절함 때문이 아닌가 싶다.

강화도에서 배를 타고 가야했던 곳인 석모도의 보문사, 지금은 다리가 놓여 두 시간이면 족히 갈 수 있는 곳이다. 이곳이 유독 내 마음에 와 닿아 있음은 아린 기억도 행복한 기억도 많아서인 것 같다. 사진을 배운 이후 가끔씩 찾아가던 곳이기도 하다.

내가 그곳을 알게 된 것은 30여년쯤 되었다. 건강이 많이 나빠져 직장을 쉬고 있을 때이다. 아이도 키울 수 없는 상태가 되었고, 난 마치 추수가 끝난 황량한 가을 들판에 버려진 허수아비처럼 혼자가 되었다.

어느 겨울날, 구정 때인 것 같다. 친구가 절에 간다기에 무작정 따라 나선 길이었다. 친구는 천주교 신자인 나를 조계사로 데리고 갔다. 선달 그믐밤 자정이 다 되어 가는 시간이었다. 널따란 조계사 대웅전엔 몇몇 사람들만이 앉아 있었다. 차가운 바닥에 방석을 깔고 앉았다. 목소리가 좋은 비구 스님의 불경 읽는 소리가 대웅전 안을 가득 메웠다. 그곳에서 나도 모르게 주기도문을 외우고, 통회의 기도를 올리고, 난데없이 천주교의 기도문을 열심히 외웠다. 스님의 불경 독경소리가 마치 천주교의 성가처럼 들렸는지, 무언가에 홀린 사람처럼 그렇게 기도문을 외웠다. 수 십 여분을 앉아 있던 내 마음이 잔잔해지고 있었다. 눈물이 났다. 그저 그곳이 천주교의 성당이 아니어도 충분히 내 마음을 진정시키고 있음은 어쩌면 무어라 형언할 수 없는 음성으로 경내에 울려 퍼지던 스님의 불경소리 때문이었는지도 모른다. 그날의 불경 독송이 마치 성가처럼, 아니 어떤 음악에도 비교 할 수 없을 만큼의 감동을 주었다고 해야 함이 옳을 것 같다.

조계사 경내를 한 바퀴 돌고 나오자 다음날 석모도 보문사로 가보면 어떠냐는 물음에 선뜻 따라 나서마고 했다. 자동차도 귀한 시절이니 데리고 가준다는 말이 고맙기도 하고, 아니 어쩌면 그 밤의 불경소리의 여운이 불교에 대한 내 호기심을 자극하였는지도 모르겠다.

한겨울 강화도 외포 항에서 배를 타고 떠난 석모도는 지금과 같은 풍경은 전혀 아니었다. 비포장도로를 따라 황량하고 쓸쓸한 갯벌이 보이는 바다를 보며 한 시간 이상을 달렸다. 가파른 돌계단을 올라 절 마당으로 들어서니 오래된 향나무와 석굴이 있었다. 차가운 석굴에 들어가 앉았다. 그때의 내 마음처럼 춥고 시린 공기가 온몸을 감싸 올랐던 것 같다. 지금처럼 말끔히 단장된 곳이 아닌 그때의 보문사는 먼 수행 길에 오른 사람들만이 오는 곳처럼 느끼게 했었는지 내 마음을 더욱 쓸쓸하게 하였던 것 같다. 불교 신자였던 친구가 나를 위로 한답시고 하는 말이었는지 수 백 개의 계단을 오르면 커다란 와불이 있다고 했다. 영험하다며 올라 걸 것을 권하였지만 가지 않았다. 불심이 없어서였을까(?) 아니 누군가에게, 그게 부처라 할지라도 그때의 나를 의지하고 싶지 않아서였는지도 모르겠다. 비루해져 버린 자존심 탓이었으리라. 그 겨울날, 보문사를 내려오며 보았던 황량하고 쓸쓸했던, 그리고 전혀 다듬어지지 않는 바다 풍경을 보면서 느꼈던 내 마음이 어떤 것이었는지는 잘 기억나지 않는다.

제주에서 올라온 코흘리개 동무들은 대부분 버스를 탔고, 두 명의 친구와 나는 내차를 타고 석모도로 향했다. 아침 8시가 막 지난 시간이어서인지 주말, 새우젓 축제가 있다는데도 아직은 길이 한적하다. 벼가 노랗게 익어 알곡을 가득 품은 이삭이 고개를 떨어뜨린 채 부끄럽게 서있고, 길가에 가로수가 이제 막 단풍에 물들어 가는 길을 따라 한껏 액셀러레이터를 밟는다. 친구들은 신이 난다며 이제는 서울사람이 다 되어버린 나의 초등학교 시절 이야기로 동심을 불러들인다. 마음이 저절로 따사로워진다. 파란 하늘에 황금 빛 들판, 아름다운 바다가 주는 따사로움만큼이나 예뻤던 이야기꽃이 풍선처럼 부풀어 오른다.

오늘은 수차례 오면서도 오르지 않았던 와불 상을 향해 계단을 오르기로 했다. 더 늦기 전에 한 번 올라봐야 할 것 같았기 때문이다. 30여 년 전에 올랐다면 내가 불교 신자가 되어 있었을까. 동심을 함께한 친구들이 초로의 나이가 되어 다리가 편치 않다는 데도 지금 아니면 다시 오를 수 없다며 재촉하고 나서 보았다. 키 큰 M이 계단을 헤아리며 오른다. 힘이 든다며 엄살을 떨어대는 친구의 손을 잡아주고, 사진도 찍어 주며 오르다 보니 어느새 커다란 와불 앞에 섰다. 와불이 내게 준 특별함(?), 그보다는 벗들이랑 함께 올랐다는 특별함이 더 가슴에 와 닿는다.

30여 년 전 그 겨울, 황량하고 쓸쓸했던 갯벌(?)은 이제 보이지 않는다. 따스한 가을 햇살에 빛나는 바다, 그리고 벗들과 함께 한 오늘, 보문사의 오래된 나무들, 미소를 머금고 누워 있는 와불의 평안함이 내 마음 속으로 들어온다.

열 살 동갑내기 친구들의 재잘거림이 귓전에서 맴돈다. 농담인지 진담이지 나를 기다리는 동안 앞 집 H가 나를 좋아했었다고 고백하였다는 말에 3학년 때 짝꿍이 자기도 그랬노라고 하는 바람에 하마터면 주먹다짐을 놓을 뻔 했다며 놀려댄다.

가을 햇살에 내 얼굴이 발갛게 익어간다. 짓궂은 남자 애가 놀려댄다. 부끄러운가 보다며.

보문사의 그 해 겨울 그리고 이 가을이 내 마음을 흔든다.

– 2018. 10. 20.

아버지의 어깨 외 1편

김 정 태

초등학교 졸업 후 엄마 품을 떠나 안동으로 가서 중학교 다닐 때, 아버지는 농사로 바쁘신 가운데도 틈틈이 짬을 내어 화성동 하숙집을 찾아오시곤 했다. 아버지는 나를 데리고 나가셔서 신시장 국밥과 버버리 찰떡을 사주시고 좋아하는 아이스케키도 사주시며 '힘들제? 열심히 공부하여 훌륭한 사람 되어라'며 격려해주시곤 했다.

회사 입사(入社) 후 얼마 되지 않았을 때 아버지로부터 서울 올라오신다는 전화가 왔다. 왜 올라오시느냐고 했더니 '네 선 자리' 때문에 올라오시겠다고 하셨다. 힘 드는데 뭣 하러 올라오시느냐? 그런 걱정은 하지마시라고 했지만 아버지는 '그것이 부모가 할 일인데'라고 하셨다. 아들 결혼이 걱정되어 아버지가 서울 올라오셨던 날, 그 날 저녁 아버지 모시고 눈 내리는 서울거리를 다니던 기억이 아련하다.

두어 해 전 어느 결혼식 주례에서 스물아홉 동갑내기 신랑신부는 너무나 싱그럽고 아름다웠다. 선남선녀를 위해 성심껏 주례사를 했던 그때의 일이 새롭다. '중이 제 머리 못 깎는다'고 그때 정작 나에게는 큰아이 결혼문제가 고민거리로 걸려 있던 때였다. 직장 다니는 아이가 어느새 적령기를 넘어 하루 빨리 결혼을 해야 하는데 사귀는 아이가 없을 뿐 아니라, 정작 당사자는 급한 기색이 전혀 없어 보였다. 그 무렵 결혼식에 나가보면 마흔 넘은 신랑을 흔히 볼 수 있어 우리 아이도 저렇게 되면 어떡하나 걱정스러워질 때였다. 아이가 주중에는 직장 일에 전념하다가 휴일에는 집에서 잠자는 것을 좋아했다. 모임에도 나가고 산에도 가보라고 권해보았지만 휴식을 취해야 한다며 움직일 생각을 않았다. 아이에게도 질풍노도의 시절이 있었지만 입사하고 부터는 회사 일에만 몰두하는 모범직장인으로 바뀌어갔다. 이제 짝을 만나 가정을 이루어야하는데 선도 보고 소개팅도 했지만 번번이 파토가 났다. 교회 권사님들과 아내친구들이 고맙게도 열심히 선자리를 주선해주었다. 몇 차례 맞선을 보고 돌아온 아이는 제 엄마에게 '엄마 이제는 그런 자리 주선하지 마세요. 엄마입장 생각해서 나가기는 하는데 별로 내키지 않아요' 하곤 했다. 그럴 때마다 시큰둥해하는 아이의 모습을 지켜보는 아비로서의 심정도 타들어갔지만 어쩔 도리가 없었다. 찬바람이 불면, '올해도 또 그냥 넘기는구나' 싶은 생각에 허탈한 연말을 보내곤 했다. 나도 어느 틈엔가 자식결혼을 걱정하며 가슴조리는 삶을 살고 있는 아버지의 얼굴이 되어있었다.

지난해도 10월을 맞았다. 서른여섯이 코앞인데 올해도 그냥 넘기는구나 싶은 생각으로 하루하루가 무거운 마음이었다. 어느 날 밤늦게 퇴근한 아이가 '사귀는 아이가 있는데 3월에 결혼을 하겠다'고 선언했다. 귀가 번쩍 뜨이는 소리였지만 순간 복잡다단한 생각이 동시에 떠올랐다. 사실 그동안 아이문제로 걱정만 하고 있었지 구체적으로 준비해놓은 것이라고는 별로 없었다. 그런 가운데 아이가 결혼이야기를 하니 발등에 불이 떨어진 듯 다급해졌다. 나는 아이에게 3월은 너무 빠르지 않느냐? 어영부영 연말이 지나면 두 달 밖에 안 남는데 너무 촉박하니 9월쯤 하는 것이 어떠냐? 하니 아이는 무엇이 문제냐며 그냥 3월에 하게 해달라고 강경하게 말했다. 제 딴에는 결혼소리만 꺼내도 경사 났다고 좋아할 줄 알았는데 막상 말을 꺼내니 기대와 다른 반응에 '이게 뭐지?' 하는 기색이다. 결혼은 일생일대의 가장 큰 대사(大事)인데 소정의 절차와 거기 걸 맞는 준비가 있어야 한다는 것을 설명하고 급하다고 바늘허리에 실 묶어 쓸 수 없는 법, 차근차근 밟아가자고 설득을 했다. 알고 보니 두어 달 전에 소개받아 사귀고 있는 아이인데 주변에서 늦추다보면 틀어지는 수가 있으니 빨리 날을 잡으라고 부추긴 모양이다.

10월 말경, 강남 어느 음식점을 택하여 며느리 될 아이를 보았다. 아이가 선하고 반듯해 보였다. 두 사람의 만남을 축하하고 "결혼에 이르기까지 소소한 절차가 많을 텐데 서로 마음상하고 갈등하는 일이 없도록 하라"고 당부했다. 이후 모든 일이 순조롭게 진행되었다. 결혼일자는 6월 16일로 정해졌다. 7개월이나 남았는데도 대학동문회관 예식장은 이미 꽉차있었다. 다행히 열한 시 예식이 비어있어 예약을 할 수 있었다.

결혼식에 있어 보여주기 식의 허례허식은 피해야하겠지만 며느리를 소중히 받아드리기 위한 절차와 격식은 빠트리지 말아야한다. 그것이 며느리 될 아이에게 자긍심을 심어주는 것이고 아이들의 새 출발에 축복을 불어넣어 주는 것이라는 점에 아내와 뜻을 모았다. 이후, 집장만이며 예식장문제 주례선생, 함 준비에 이르기까지 신경 써서 철저히 준비를 했다. 아이가 '함 같은 것은 안하면 안 되나요?' 하며 편하게 하자고 주장했다. '전통은 깊은 뜻이 담겨있는 귀한 것이니 결혼식 준비 과정을 통해 전통을 새겨보며 삶의 연륜과 아름다운 추억을 쌓아보라'고 권면했다. 이후 아이는 모든 순서를 즐겁게 받아들이고 잘 따라주었다.

한복을 맞추고 예물을 준비하고 결혼식에 초청할 하객들을 확정하는 동안 겨울은 가고 봄이 왔다. 드디어 아이 결혼식 날이다. 6개월의 대장정을 마무리 짓는 날이다.

아이는 메이크업을 위해 새벽에 압구정동 쪽으로 간다 하고 아내는 여덟시까지 이대 앞, 헤어샵에 가야한다고 했다. 어젯저녁 잠도 설쳤을 터인데 새벽바람에 출전(?)하는 발걸음들은 그래도 가벼워 보여 다행스러웠다. 그러나 혹 무엇이 잘못되지나 않을까? 무엇을 빠트리지나 않을까? 특히 큰 일 앞에서 이상스레 과민해지는 내가 컨디션 난조로 식장에서 힘들면 어떻게 하나 하는 잡념들이 번뇌처럼 괴롭혀왔다. 헤어숍을 거쳐 예식장에 도착하니 너무 빨라 예식책임자가 아직 출근 전이었다. 아이들 캐리어는 예약실 라커에 보관해놓고 아내 짐은 3층 예식장 입구에 위치한 혼주대기실에 보관을 했다. 조금 있으려니 시골 친척들을 태운 관광버스가 도착했다. 아직 준비도 안 된 조용하던 예식홀이 갑자기 왁자지껄해졌다. 시간이 되니 하객들이 모여들었다. 오랜만에 보는 회사임원들, 선배, 동료직원들의 얼굴이 너무나 반가웠다, 교회성도님들, 학교 친구들, 모두가 반갑고 정겨웠다. 아내의 개포동 멤버, 테니스클럽, 플라워협회, 학교 친구들이 아내 손을 잡고 떨어질 줄 모른다. 아이 결혼식을 통해 만들어진 그 자유롭고 소중한 만남의 광장은 인생의 발자취가 오롯이 녹아있는 사랑과 평화가 넘치는 공간이었다.

예식이 진행되었다. 신부입장 순서에서 어린 화동들의 깜직스런 역할이 참으로 돋보였다. 예식은 밝고 활기찬 분위기에서 진행되었다.

목사님의 정금 같은 주례사, 감미로운 축가, 세련된 사회로 결혼식은 은혜롭게 진행되었다. 결혼식장에 따라서는 개념 없는 사회자의 요란하고 경망스런 진행으로 하객들의 눈살을 찌푸리게 하곤 하는데 깔끔한 진행이 품격을 높여주어 다행스러웠다. 예식 후 사진촬영이 끝나고 혼주들 위해 별도로 도시락이 준비되어 있었는데, 밥이 넘어가지가 않았다. 음식이 모자라지 않을까 빈약하지나 않을까 무척 신경 쓰였는데 나중에 들어보니 많은 사람들이 한결같이 식사가 감동적이었다며 흡족해했다. 음식도 풍족했고 맛도 너무 좋았다고 해서 안심이 되었다. 폐백도 화기애애한 분위기속에서 잘 끝내었다. 비용정산을 끝내고 웨딩카 떠나는 것을 보고난 후에야 모든 것이 끝났다는 안도의 한숨을 쉴 수 있었다. 지난 6개월을 돌아보았다. 그 긴 시간은 오로지 아이에게 아버지의 역할을 잘 해야겠다, 며느리를 따뜻하게 맞아주어야 하겠다는 생각과 출발하는 아이들의 미래를 기쁨과 평화로 채워주어야겠다는 생각에 몰두해서 달려온 시간이었다. 아내가 친구들의 도움으로 보석상, 한복집 등 참으로 좋은 업소를 소개받은 것은 뜻하지 않았던 행운이었다. 결혼식 준비과정을 통해 한 번도 다투거나 짜그락거리지 않고 감사하며 달려올 수 있었던 것이 놀랍고 감사하다. 모든 순서가 하나하나 순조롭게 이루어져 신통하기만 하다. 가파른 깔딱고개 넘으며 고비마다 가족의 격려와 감동으로 달려올 수 있었던 것은 은총이었다.

모든 것이 완성되었다. 그동안 참으로 어깨가 무거웠는데 이렇게 홀가분할 수가 없다.

처음 치러보는 대사(大事)였지만 온전하게 이루어 냈다는 안도감에 주변이 온통 황홀하고 아름답다. 내 젊은 시절, 아들 보러 눈길을 뚫고 서울까지 올라오셨던 아버지가 오늘따라 더욱 그리워진다. 아이 둘 키워온 내가 이렇게 숨이 찬데 8남매 키우면서 평생을 노심초사 하셨을 아버지의 어깨는 얼마나 무거웠을까?

- 2018. 6. 20.

대왕참나무

김 정 태

찬란하던 잎들이 다 떨어지고 모두가 앙상한 가지로 떨고 있는데 유독 어떤 나무는 황엽(黃葉)이 나뭇가지에 오글오글 붙어 떨어지지 않고 있어 신기하다. 그런 현상이 어찌 하루 이틀 이었겠냐만 무심코 지나치다가 지난겨울 뒤늦게 그것이 내 눈에 들어온 것은 무슨 연유에서였을까? 이른바 '최순실국정농단사건'이라는 건사으로 나라가 뒤집히는 가운데 모두가 윗선으로 책임을 떠넘기고 꼬리 내리는 비정한 풍토에서 낙엽을 거부하고 가지를 지키고 있는 잎의 모양새에 관심이 꽂혔는지도 모른다. 이 나무가 '대왕참나무'라고 불리는 '핀오크'(Pin Oak)이다. 북아메리카가 원산지인 이 나무는 1980년 이후에 우리나라에도 수입되어 이제는 가로수로도 자주 눈에 띈다.

대왕참나무는 잎이 아름다워 올림픽 월계관으로도 쓰여 졌다. 1936년 베를린 올림픽 마라톤에서 우승한 손기정 선수의 머리에 씌워진 월계관이 바로 이 대왕참나무 잎으로 만들어진 것이다. 베를린 올림픽 마라톤 시상식에서 독일 총통 히틀러가 직접 손기정 선수에게 대왕참나무 잎으로 된 월계관을 씌워주고 부상(副賞)으로 나무화분을 수여했다. 손기정은 이 화분의 나무를 서울역 뒤 만리재 언덕에 있는 양정고 교정에 심었고 지금도 그 자리에서 월계관 나무(서울시 기념물 제5호)로 불리며 80년 넘는 거목으로 기상을 떨치고 있다.

나는 뚝방 길 산책로를 거닐 때마다 겨우내 가지에서 떨어지지 않는 그 포인세티아 같은 황엽(黃葉)을 바라보며 저것이 언제 떨어져 나갈까? 계속 저렇게 붙어 있으면 새잎이 어떻게 돋아날 수 있을까? 무척 궁금했다. 그래서 봄이 오는 길목을 지키다가 그 시점의 변화를 꼭 지켜보리라고 다짐하곤 했다.

내게 봄은 대왕참나무의 변화만 대단한 것은 아니다. 개나리 필 때면 집 울타리를 샛노란 빛으로 물들여 아름다웠던 안동의 평화동 어느 집을 떠올려야 한다. 바람에 나부끼는 화사한 벚꽃을 바라보며 슬프도록 가슴이 투명해지는 것을 음미해야 한다. 자운봉에 올라 겨울잠에서 깨어 기지개켜는 강산을 지켜보아야한다. 가까운 친구들과 만나 식사를 해야 하고 아내와 서천 주꾸미 축제에 찾아가 기막힌 주꾸미 맛도 즐겨야 한다. 지난겨울이 유독 추웠던 만큼 올해는 봄을 기다렸다 한걸음에 달려가 반갑게 얼싸안아 맞아주어야 한다. 장보러 갈 때 아내가 하듯이 나는 겨우내 봄이 오는 길목에서 해야 할 일을 체크하고 있었다.

부부의 대화는 참으로 아기자기하다. 어느 철인이 부부라는 것은 무덤까지 가는 대화라고 했다. 부부간에는 대화의 격식이라든가 주제에 구애될 필요가 없다. 특별하게 중량감 있는 이야기가 아니라도 삶의 주변에 흔하디흔한 이야기면 대화는 무궁무진하게 이어질 수 있다. 주변의 이야기에서부터 아이들 문제, 경제이야기 심지어는 친구들과 통화했던 이야기, 어느 하나 즐겁지 않는 것이 없다. 어쩌다 아내와 종일 헤어져 있는 날은 밖에서 있었던 일들이 이야기꺼리로 더욱 풍성해진다.

저녁식사 후 아내가 중랑천 산책길에 따라나섰다. 연말연시를 맞아 부쩍 늘어난 아내의 모임으로 우리는 한동안 같이 산책할 기회가 없었다. 그날은 오랜만에 같이 가는 산책길이어서 더욱 할 이야기가 많았다. 어둠이 깃든 아파트 길을 가며 이야기에 심취되어 걷다가 아차 실수해서 내가 넘어졌다. 차도와 보도가 구분되는 20센티 높이의 경계석을 헛디뎌 차도로 나동그라졌다. 보도끝부분에 그어놓은 노란 선이 주의하라는 경고선임을 그때까지 모르고 있었다. 사방에 위험이 도사리고 있어 한눈팔면 수렁으로 빠지는 것이 인생인가 보다. 발이 뻐근하더니 시간이 지날수록 부어오르고 통증이 심해져 밤 늦게부터는 엉금엉금 기어 다녀야 했다. 다음날 정형외과를 찾았더니 검사결과 발 뼈에 금이 갔다며 4~8주정도 걸리겠다고 했다. 발에 부목(副木)을 대어 붕대로 처리한 후 목발을 짚었더니 한결 살만했다. 나는 목발이라는 것을 처음 짚어보았는데 그것도 상당한 숙련이 필요했다. 박자가 꼬이면 앞으로 넘어지기 십상이다.

예견치 못한 부상으로 아내와 주꾸미 축제에 가려고 예약해놓은 열차표도 취소해야했다. 한 달여를 칩거하면서 교회도 못가고 친구들과 만남도 빠져야했다. 겨울은 가고 봄인가 싶었는데 다친 부위가 웬만해져 출입이 가능했을 때는 봄이 저 멀리 사라지고 있을 때였다. 개나리는 흔적도 없고 벚꽃마저 저버린 지 오래되었다. 새벽에 산책을 나섰다. 아직 완전치 못한 발이지만 산책길은 상쾌하기 이를 데 없다. 나는 지난겨울 추위에 오글오글 붙어있던 황엽이 어떻게 되어 있는지 궁금해 대왕참나무를 찾았다. 그러나 어디에도 황엽의 흔적은 보이지 않았다. 황엽이 오글오글 붙어 떨어질 줄 모르던 나뭇가지에는 새잎이 넘치는 생명력으로 찬란했다. 가지마다 새잎이 돋아나 연두 빛 투명함으로 찬란한 생명을 구가하고 있었다. 그러나 내게 그것은, 지켜보려던 봄의 순간을 잃어버린 탓인지 그 찬란함이 이상하리만큼 슬퍼지기 까지 해왔다. 계절은 우주의 스케줄에 엄격한가 보다. 바쁜 걸음을 어느 누구를 위해서도 멈춰주지 않는다. 부실한 걸음으로 늑장을 부리다보면 계절의 향연에 동참할 수 없다. 꽃이 떨어진 사방에 봄은 사라져가고 있다. 빠르다, 매정할 정도로 빠르다. 문득 살아온 세월을 돌아보았다. 중요한 시기마다 멀쩡한 육신으로 낭비한 세월에 가슴이 아려온다.

요즈음 정가에 '지금 대한민국은 만사참통(萬事參通)이다'라는 자조적인 말이 떠돈다. 참여연대를 풍자하는 말이다. MB정권 때는 만사형통(萬事兄通)이라는 말이 나라를 어지럽게 했던 적이 있다. 사람의 작위(作爲)에는 무소불위가 있어 지금, '만사참통'이 서슬 퍼럴지 모르지만 때가되면 스러질 초로(草露)의 운명 앞에서 형통(兄通)이니 참통(參通)이니 참으로 부질없는 일이다. 계략과 술책은 물론 부와 권력도 섭리를 피할 수 없음을 이 봄은 또 한 번 경고를 남기고 떠나가고 있다.

꽃이 저버린 들판이 아쉽지만 꽃이 아니라도 귀한 것들이 있다. 대왕참나무는 꽃이 아니어도 투명한 연두 빛 그 찬란한 잎만으로 충분히 화려하고 황홀하다. 겨우내 오글오글 가지를 지켜주던 황엽(黃葉)은 낙엽으로 사라져 없어져도 그리움이 된다.

– 2018. 4. 23.

해방촌 외 1편

김 영 한

몇 해 전에 지중해에서 수백 명의 난민들이 타고 있던 배의 침몰로 목숨을 잃은 참사에 대한 보도가 있었다. 유럽은 지금 여러 나라들이 난민 문제로 매우 골치가 아픈 모양이다. 우리도 이젠 난민문제라면 그냥 지나칠 수 없는 현실이 되었다. 지난해 6월 예멘인들이 무려 600명 가까이 몰려들어와 그들의 난민수용 여부를 놓고 한때 매우 시끄러웠다.

현재 남한엔 북한을 탈출하여 여러 경로로 구사일생 자유를 찾아온 탈북민 수가 무려 3만을 훨씬 넘었다고 한다. 재작년 8월에는 영국주재 북한 대사관의 태영호 공사가 가족과 함께 대한민국에 망명해 왔다. 인간다운 삶과 자유를 위해 목숨을 걸고 사선을 넘은 결행이야말로 위대한 영광의 탈출이다. 따뜻한 마음으로 박수를 보내면서도 기쁨만으로 그들을 맞이할 수 없는 우리의 분단된 현실이 안타깝다.

나는 해방 이듬해에 엄마 품에 안긴 채 남으로 왔다. 일제강점기에서 해방이 되었지만, 북한에 공산정권이 들어서자 죽기를 각오하고 공산당으로부터 탈출한 난민들은 서울 남산자락에 터를 잡았다. 그렇게 월남한 사람들이 모여 살면서 마을이 형성되었고, 해방을 맞으면서 생겨났다고 해방촌이라 불리게 되었다. 지금은 여러 지역 출신의 사람들이 섞여 살지만 한국전쟁 훨씬 뒤에까지 북에서 내려온 사람들 뿐이었다.

중·서민층 사람들이 대부분인 해방촌은 위치 상으로 서울의 중심이 되는 곳이기도 하다. 지도에서 서울은 마치 활짝 핀 무궁화 꽃을 연상케도 하는데, 남산이 그 중앙에 위치하고 남산 바로 앞에 해방촌이 자리했다. 서울엔 넓고 맑은 물이 도심을 흐르는 한강이 있고, 수려한 관악산과 북한산이 그 위용을 뽐내고 있다. 다도해의 섬처럼 많은 구릉지와 작은 산들이 있어 서울은 매우 아름답다. 일본인 한 친구가 내게 그런 이유로 서울이 무척 부럽다고 했다.

지금은 서울의 한복판이 되었지만, 과거 해방촌은 마을 앞에 미군 사격장이 있어 탄피를 주워다 엿으로 바꿔먹고 가재 잡던 개울이 있는 변두리 동네였다. 건너편 이태원 언덕은 복숭아밭이어서 '고향의 봄' 노랫말처럼 봄에는 온통 울긋불긋 꽃대궐을 차리곤 했다.

근래에 지방 도시 발전의 한 현상으로 자기 지역이 세계의 중심이라는 선전 표어가 이따금 눈에 띄는데, 우리 구에서도 '세계의 중심, 이제는 용산'이란다. 최근 우리 동네에서 영어권 사람들을 비롯해 러시아, 동남아, 아랍계, 아프리카 사람을 흔히 볼 수 있는데, 외국의 어느 낯선 거리에 와있는 것 같기도 하다. 주말이면 동네 카페거리엔 온통 이방인들로 넘쳐난다.

미8군 기지와 접해있는 해방촌 주민들은 미군 부대가 평택으로 이전하고나면, 100여 년 만에 다시 우리의 것으로 돌아오는 그 자리가 뉴욕의 센트럴파크 못지않은 서울의 명소로, 자연친화적인 도심생태공원으로 탈바꿈할 것에 대한 기대가 매우 크다.

오늘 남북이 개성 판문역에서 동·서해선 철도, 도로 연결 및 현대화 착공식을 했다는 소식을 들었다. 나는 전방의 DMZ가 긴장으로부터 해방된 평화의 땅, 세계적인 자연생태공원으로 남북이 함께 관리하는 상상을 해보았다.

과거 해방촌에는엔 알려지지 않은 몇 가지 특별한 별명이 있었다. 남산비탈의 산동네여서 비가 오면 땅이 질어 이만저만한 고충이 아니었다. 그런 이유로 사람들은 해방촌을 진방촌이라며 불평을 했다. 개들이 많이 나와 돌아다닌다고 개방촌이라고도 했고 애방촌이라 불릴 정도로 아이들이 많았다.

지금은 세월이 좋아 맨땅을 밟을 일이 없어졌고, 주인과 함께하는 반려견들의 산책 모습이 보기 좋다. 생각해보면 그때 불리던 별명중에 다시 듣고 싶은 이름이 하나 있는데 바로 애방촌이다. 우리나라가 OECD 국가 중에서 가장 아이를 적게 낳기로 손꼽힌다니 장래가 염려스럽다.

옛 어른들이 담 너머로 아이들 웃음소리가 들려오는 집은 잘 되는 집안이라고 했다. 어디 집안뿐이랴, 나라도 마찬가지다. 동네에서 떠들고 놀던 그 애방촌 아이들의 목소리가 그립다.

현재 남북 상황이 많이 진전되고는 있다지만 북한의 핵과 미사일이 언제 우리를 위협할지 아직은 모를 일이다. 만의 하나, 이 나라 안보가 무너진다면 이젠 그 어디에도 피난처 해방촌은 없을 것이다.

세계는 이제 교통·정보·경제 교류로 인하여 가까운 이웃이 된 지 오래다. 우리의 지구촌이 패권다툼과 반목이 없는, 전쟁과 테러의 공포로부터 해방된 그런 해방촌이었으면 좋겠다.

뒷모습에 대한 단상

김 영 한

중학교 3학년 때 담임선생님은 훤칠한 키에 잘 생기신 분이었다. 정장차림에 중절모를 쓰고 늘 가죽가방을 들고 다니셨는데, 등하굣길에서 인사를 드리면 지긋이 미소 지으며 손을 들어보이고 앞서 가시던 선생님의 모습이 그렇게 좋을 수가 없었다.

한 번은 반 친구들 여럿이 다른 선생님에게 호된 얼차려를 받고 다음 날 등교를 하지 않은 일이 발생했다. 그때 우리의 항의성 스트라이크가 온당치 않다고 생각했었다. 담임선생님이 주동 학생은 물론 우리를 벌하지 않고 교장선생님께 자신의 책임으로 돌리시어 조용히 지나갔다.

그해 가을 어느 날, 종례를 마친 선생님께서 "이 다음에 너희들 중에 몇 놈이나 선생님을 기억하겠냐?"하며 갑자기 전근을 가신다고 했다. 그날 마지막으로 본 선생님의 뒷모습이 눈에 선하다.

고교시절에 나는 서부영화를 곧 잘 보러가곤 했다. '하이 눈'이라는 영화가 있었는데, 마을 친구들에게 도움을 청했으나 누구 하나 나서지 않아 홀로 악당들을 물리치고 의연하게 떠나가는 주인공의 모습이 생각난다.

지금은 곁을 떠나고 없지만 내겐 무척 그리운 친구 하나가 있다.

매사에 긍정적이었고 진정으로 남을 인정해주던 친구이었기에 나는 그가 믿음직했고 매우 자랑스러웠다.

나는 축구 경기장에서 선수들의 입장하는 모습보다 퇴장할 때의 모습이 더 장해보였다. 승패 여부를 떠나 혼신을 다하여 싸우고 관중들에게 손을 흔들며 퇴장하는 모습을 보면 힘찬 박수를 보내지 않을 수 없었다. 경기를 승리로 이끌고 나서는 환호하는 관중에게 절제된 자신감으로 손을 흔들어 보이고, 패했을 때는 마치 죄인처럼 머리를 들지 못하며 미안해하지만 나는 온 힘을 다한 선수들의 수고에 박수를 아끼지 않았다.

한 시대의 주인공으로 등장하는 모습은 언제나 대단해보인다. 그러나 그것은 곧 잊히게 마련이고 오히려 떠날 때의 장한 모습이 더 큰 박수를 받고 오래 기억 될 것이다.

과거 국정을 책임졌던 대권의 주인공들 중에는 몇이나 자랑스러운 모습으로 떠났는지 잘 모르겠다. 새로운 주역을 맡은 지금의 주인공은 훗날 박수를 받으며 대견한 모습으로 떠날 수 있기를 바라는 마음 간절하다.

공산주의와의 냉전을 종식시키고 침체된 경제의 부흥과 함께 미국의 자존심을 드높였던 레이건 대통령의 미소 짓는 얼굴이 떠오른다. 오바마 대통령은 참모의 말을 잘 경청하는 그의 모습을 우리의 기억 속에 남겼다. 오래도록 기억하고 싶은 모습이다.

탄핵으로 떠나보낸 우리의 전 대통령을 한 인간으로서의 모습으로 연민해본다. 애석하게도 그는 우리가 바라던 주인공의 모습을 보여주지 못했다. 그와 함께 했던 참모들은 그를 한 시대의 책임을 다한 장하고 멋있는 주역으로 만들지 못했고, 오히려 몇몇은 자기 영달에 더

충실했다.

한편, 나체 그림에 탄핵된 대통령의 얼굴을 합성하여 국회에 전시해 국민의 혐오감을 조성하고 국격을 떨어뜨린 의원이 있었는데 그도 우리가 뽑은 한 사람이다. 그는 과연 우리에게 자기 역할의 좋은 모습을 보여준 것이었을까? 뉴스를 보면서 나는 마치 그 일을 내가 벌인 것처럼 남부끄러웠다.

내가 본 영화 '황야의 7인'에서는 악당들에게 수시로 약탈당하던 마을 주민들이 외지의 총잡이들을 불러들인다. 주민들은 그들의 진정함을 보고 함께 싸운다. 주인공은 악당들을 다 격멸시키고 마을에 평안을 찾아준다. 수고의 대가도 없이 떠나는 영웅들의 뒷모습은 그 영화의 진수였다.

우리는 새로운 대권 주인공에 대한 기대가 크다. 그의 훌륭한 영도를 기대하려면 영화 속의 마을 사람들처럼 힘을 합하는 지혜가 필요할 것 같다.

누구나 다 자기 삶의 무대에서는 주인공이다. 그 삶의 역정이 어떠했느냐에 따라 그의 인생 드라마는 평가될 것이다. 업적이나 평소의 행적은 떠나간 뒷모습으로 남아 기억된다. 훗날, 나는 어떤 모습을 남기게 될까.

왠지 중학교 3학년 때 담임선생님의 뒷모습이 자꾸 떠오른다.

3부.
感氣가 가르쳐준 것들

겨울에 피는 감자 꽃 외 1편

박 경 화

새말에서 고속도로 공사를 하고 있었다. 지나갈 수 있는지 물었더니 평창은 옆길로 나가서 방림으로 넘어가면 빠르다고 하며 길을 가르쳐주었다. 방림 쪽으로 제대로 된 도로가 나기 전이었다. 공사장에서 일하는 이가 너무 쉽게 얘기해서 별 생각 없이, 가르쳐준 대로 고속도로에서 나가 옆길로 들어섰다. 빠르다고 하니까. 딸아이도 함께라 동생도 조카들도 빨리 보려고 한 선택이었다, 산이 그렇게 높은 줄 모른 채.

금새 산길이 나왔다. 산길이 직선으로 넘어가기에 너무 높고 가팔라서 오른 쪽 왼 쪽으로 돌면서 올라가고 있었다. 마주 오는 차를 한 대도 못 만났지만 그래도 나는 모퉁이를 돌 때마다 경적을 조그맣게 계속 울리면서 위로 올라갔다. 거의 정상 가까이 왔을 성 싶을 때 교행이 될 정도로 길이 넓은 곳이 나왔다. 긴장도 풀 겸 차를 길옆에 세우고 내려서 아래를 내려다보았다. 아득했다. 천 길 낭떠러지가 따로 없었다. 우리가 있는 곳이 너무 높아 무서웠다. 다시 차에 타고 한 5분이나 더 올라갔을까 갑자기 길옆에 다 부서진 차가 나타났다. 크기는 작지만 그래도 산 속 외진 길가에 망가뜨려서 버리기엔 비싼 차였다. 뭔가로 일부러 부순 것 같았다. 더 무서웠다. 창문을 올리는 나한테 중학생 딸이 말했다. “그거 올리면 좀 나아요?” 엄마가 겁먹고 있는 걸 다 알았던 거다.

그렇게 방림으로 넘어가자 얼마나 긴장을 했던지 맥이 다 풀렸다. 평지에 내려가서 밭들 사이로 들어서자 딸이 잠시 쉬어가자고 했다. 옆 조수석까지 내 심장 뛰는 소리가 들렸나 싶었다. 차에서 내려 들판을 둘러보다가 저만치 산 아래로 꽤 넓은 면적의 밭이 하얀 색으로 덮여 있는 걸 보았다. 감자밭이었다. 흰 꽃이 가득한 밭들이 멀리서 보기에 마치 거기에만 눈이 내린 것 같았다. 그제야 마음이 좀 편해졌다.

막내 동생 프카(프란체스카)는 몸이 안 좋으면서도 봉사도 하고, 성가대 지휘며 반주도 하고 있었다. 중환자실 간호사이던 동생은 그때만 해도 의사인 남편과 함께 주말에 시간을 내어 거동이 불편해 병원에 오지 못하는 외딴 곳에 사는 결핵환자들을 찾아다니고 있었고, 여기저기 제 손이 미치는 데는 어디든 뛰어가서 필요한 도움을 주려고 애쓰며 살고 있었다. 동생은 몸으로 할 수 있는 일도, 기도로 할 수 있는 일도 다 최선을 다해 하고 있었다. 그때는 아직 잘 견디고 있어서 우리가 평창까지 놀러 다니기도 했다. 우리 셋 중 엄마를 제일 많이 닮아서 무슨 일이든 의욕이 남달랐고 또 예뻤다.

그러나 사람의 일이란 게 그렇듯 때로는 우리의 기도와 다르게 흘러가기도 하는 것인지 그렇게 결혼 생활 20여 년이 흐르는 동안 건강도 모든 관계들도 다 악화되는 상황이 오고 말았다. 평창의료원에서 강릉으로 옮겨 병원을 개업하고 산지 한 십년이 넘었을까, 어느 날 새벽 “큰언니, 이제 더는 나 말리지 마. 죽을 것 같아. 정말 안 되겠어. 아버지한테 나 집 사주라고 좀 해줘” 하더니 전화를 뚝 끊었다.

그날은 내가 혼자 가지 않고 성공회 수원 성당에 들러, 따라나서는 제부 신부님(성공회는 사제가 결혼을 한다)을 떼어 놓고 데레사를 태우고 고속도로 입구로 가면서 아버지께 전화를 드렸다. "아버지, 막내 집 사주셔야겠어요. 아무래도 안 되겠나 봐요." 내가 황망 중에 드린 전화지만 자식이 셋이나 더 있는데 막내라니. 그래도 아버지는 "알았다. 원하는 대로 해 줘라, 어두운데 운전 조심하고." 그동안 그 아이가 밤중에 불러대면 그길로 뛰어나와 혼자 수없이 다니던 새벽 안개 길이었는데 그날은 정말 내 차가 새벽 대관령의 안개를 질질 끌고 가는 것 같았다. 옆에 앉은 박 데레사는 아무 말 하지 않고 강릉에 도착할 때까지 내내 울었다. 몸 덜 아플 때, 마음고생 덜 시키고 진작 이혼하라고 할 걸, 후회하고 또 후회했다. 그러면서도, 이젠, 또 정신은 멀쩡한데 심장이 멎으면 에피네프린 주사는 누가 놔주나, 어쩌나 어쩌나 하면서. 그때가 막내 동생이 세상 버리기 딱 한 달 전이었다.

겨울인데 내 발코니 정원에는, 초여름에 꽃이 지고 나서 뽑아버린 한련이 뿌리가 남아 있었는지 싹이 나오더니 가느다란 줄기가 자라는 대로 이파리가 무성해져 있다. 감자를 너무 많이 샀는지, 매일 몇 개 씩 먹는데도 한두 개씩 싹이 나오기 시작해서, 싹 난 감자 몇 개를 여름에 꽃을 보던 한 해 살이 화초들 뽑아낸 자리에 갖다 심었다. 여름처럼 자라기엔 애로가 많은지 감자 싹이 한참을 그대로 있는 것 같았는데, 어느 날 물 좋아하는 레몬밤을 챙기러 나가봤더니, 못 본 새 보라색 감자 싹이 푸른 잎의 무성한 가지로 자라서 가지 끝 잎사귀 가운데 꽃망울이 옹기종기 맺혀 있었다.

어쩌면 이 겨울에 흰 감자 꽃을 볼 수 있을지도 모르겠다 싶었다.

한 겨울에 감자 꽃이라니. 너무 어렵게 살지 말자 했는데 또 무슨 쓸데없는 일을 시작한 건가하고 후회를 한다. 감자한테도 힘든 일일 테니 말이다. 다시 병원으로 돌아가고 싶어 했는데, 못 살겠다고 했는데, 진작 그렇게 죽을힘을 다하지 않아도 살 수 있는 곳에서 살라했어야 했다. 자꾸 조금만 더, 그 때 쯤은, 고 3인 작은 아이 대학 갈 때까지 만이라도 견뎌보라 했다. 그러다가 그 아일 그렇게 보내놓고, 난 그 버릇을 못 버리고 지금 이 겨울에 여름 식물한테 또 어떻게든 죽지마라, 꽃피우라 억지를 부린다.

그날 방림으로 산을 넘어간 날, 평창에 도착한 딸아이와 내가 하얀 꽃 가득 핀 감자 밭 얘기를 했을 때다. 막내 동생 박 신영(방울소리 鈴) 프카가 "그 산 속을, 큰언니 미쳤나? 내 조카까지 태우고!"라며 얼굴엔 웃음을 가득 담고 나를 야단쳤다. 우리 집은 우리 셋 중, 나보다 열여섯 살 어린 막내가 늘 대장이었다.

이 겨울에 감자 꽃을 피우려 하다니. '큰 언니 미쳤나?' 제 이름에 들어있는 방울이라도 굴리듯 맑게 울리는 목소리가 들리는 것 같다. 항염증제로는 스테로이드보다 더 잘 듣는 약이 없었다. 검증도 안 된 스테로이드라 어떻게든 끊어보려고 줄였다가는 늘이고 또 줄였다 늘이던 천식 치료가 늘 안타까웠던 내 동생, 생각할수록 아프다. 김서영은 그의 열한 번째 책 『아주 사적인 신화읽기』 에서 "과거를 구하는 유일한 방법은 뒤돌아보지 않는 것"이라고 했다. "앞만 보고 걸어가면 언젠가 현재 속에서 생생한 과거를 만나게 된다"는 것이다. 감자 꽃이 정말 피려나, 이 겨울에?

– 2018. 12.

언덕에서, 또는 두 점 사이의 최단거리

박 경 화

어제 동창회에서 떼창으로 불렀던 노래들을 생각하며 오래 전에 듣곤 했던 오현명의 <그 집 앞>을 유튜브로 찾아서 들었다. 그냥 넘어가게 두었더니 내가 좋아하던 노래가 나왔다. '아, 물망초' 하며 듣다가 전 곡이 끝난 다음 한 번 더 들으려고 제목을 찾는데 '물망초'가 없다. 그러다 제목들 중에 <언덕에서>를 찾았다. 오래 전 동네오빠가 들려준 노래이다. 제목은 <언덕에서>인데 가사 중에 '물망초'가 나온다. '언덕에서'는 제목 같지 않고 '물망초'는 제목 같아서 잘 못 기억했을까?

그 오빠를 알게 된 건 내가 어릴 때 초등학교도 들어가기 전부터이다. 오빠네 집 대문 옆 긴 담장 끝에 작은 쪽문을 열고 그 집에 세 든 이가 구멍가게를 했는데 내가 저녁 전에 하루 한 번은 철길을 넘어 알사탕을 사러갔기 때문이다. 사각 설탕알갱이가 겉에 다닥다닥 붙어 있는 알사탕이 너무 커서 입에 넣을 때 늘 귀밑 언저리가 아팠다.

한참 걸려 사탕 색깔을 정할 때 쯤 어떤 날은 '국민학생'인 오빠가 대문으로 나와서 내가 철길을 넘어올 때 동무해주곤 했다. 건널목이 있었지만 차단기 같은 게 설치되어 있지는 않아서 철길을 건널 때는 철길이 사라지는 양쪽 산모롱이를 확인하고 빠른 걸음으로 건넜다. 아버지가 철길을 안아 건넸던 건 초등학교 저학년일 때 기억만 있는데 사탕을 물고 철길을 건넌 기억 속에는 그 오빠가 있다.

사람들이 100층을 붙여 102층이라 부를 만큼 우리 집은 철둑을 넘어서도 높은 곳에 있었다. 좀 떨어진 외갓집 가는 길에 신작로에서 철길 아래로 자동차도 다니는 터널이 있었는데 아무도 그 쪽으로 돌아가는 사람은 없었다. 집에 가려면 철길을 넘어 철둑 아래로 난 길을 따라 내려가다가 강덕네 집 못 가서 꺾어져 다시 올라가야 했다. 그러고도 영자네 집 들어가는 길에서 오른 쪽으로 더 올라갔다. 영자네 집 담을 끼고부터는 아버지가 우리 보폭에 맞추어 낮게 만든 계단이 대문까지 나있었다. 철길과는 직선거리로 백 미터쯤 떨어져 있었는데 대문 앞 계단에 앉아 있으면 지나가는 기차가 내려다 보였다. 거기 앉아서 종일 지나가는 기차를 구경하기도 했다.

그때는 집집마다 평상이 있어서 겨울 말고는 평상에서 시간을 보내는 일이 많았다. 우리 집 평상에서 일어서면 밖에서는 높고 집 안에서는 낮은 담 너머로, 내 키로도 철길 너머 오빠네 감나무 아래 놓인 평상이 보였다. 평상에서 놀다 우리 집 동이감이 익지 않은 채로 떨어지기 시작하면 흘깃 철길 너머 보이는 그 집 감나무를 돌아보곤 했는데 오빠네 감은 그때마다 주황색으로 한가득 물들어 가고 있었다.

고등학교 2학년 때 할머니인 줄 알았던 오빠 어머니가 우리 집에 왔다. 그 할머니는 어머니가 안 계실 때 왔는데, 일하는 언니가 내가 아파서 집에 있다고 했더니 나라도 보고 가신다며 방으로 들어 왔다. 땀범벅이 된 채 일어나 앉은 내 머리카락을 뒤로 넘겨주시고 땀도

닦아주시며 어머니를 만나러 왔는데 내가 집에 있어서 보고 갈 수 있어 다행이라고 했다.

놀란 막내 동생이 큰 눈을 깜박이면서 내 옆에 바싹 붙어 앉아 있었다. 할머니는 그 집 할아버지 즉 오빠네 아버지가 연세가 많아서 대학을 다니다 입대한 아들이 제대하면 바로 결혼을 시킬 거라고 했다. 외아들이어서 예비군 훈련을 안 나가도 되고 취직을 안 해도 평생 먹고 살 수 있게 다 해 두었다고 했던 것 같다.

열이 나서 비몽사몽인 내게 많은 말씀을 하셨던 그 분은 내 귀도 만져보고 손도 만져보고 뺨도 쓰다듬으셨다. 막내 동생이 "공화언니, 할머니가 '향토예비군'을 '상토예비군'이라 그랬어."라고 속삭였다. 얼마 후에 어머니가 그 댁에 가서 딸이 아직 어리고 서울에 있는 대학에 보낼 건데 유학도 갈 거라서 얼마나 더 있어야 결혼을 할 수 있을지 모른다고 정중하게 거절을 하신 걸로 안다.

고3이 되면서, 수학을 싫어해서 입시에서 여학생에게 수학 대신 가정 과목을 선택하게 해준 대학으로 진로를 정했다. 기하시간은 재미있었던 적이 잠깐 있었는데 그때쯤 아직 군복을 입은 오빠를 만났다. 그 전에 오빠네 집 앞으로 다니다 마주치면 나를 웬 어린아이 취급을 해서 가끔은 자존심이 상할 때도 있었는데, 오빠, 어머니 일 때문이었는지 오랜만에 다시 만난 오빠가 그리 편하지 않았다.

그날 학교 앞에서 오빠를 만나, 집으로 오는 버스가 있던 서면까지 걸었는데 오빠도 나도 결혼이야기가 나왔던 일에 대해 말하지 않았다. 서면 로터리 부근에서 오빠와 처음 밥을 먹었다. 오빠가 저녁을 먹으면서 젓가락으로 물을 찍어서 그릇들 사이를 돌아 내 자리 쪽으로 물길을 만들더니, 마주 앉은 우리 사이에 젓가락 두 개를 그릇들을 밀고 직선으로 놓았다. 기하가 재미있다는 내 말에 대한 대답이었는지 "두 점 사이의 최단 거리는 직선"이라고 말했다. 어릴 때 우리 집 평상에서 오빠네 집 평상까지 철길 너머로 구름다리가 있으면 좋겠다는 말을 한 적이 있었던 것 같기는 했다. 내려갔다 올라갔다 철길을 넘어 가는 일이 너무 힘들어서 그랬을까?

그날, 군복 때문이었는지 오빠가 멋있어 보였다. 어두워진 철길을 건너 처음으로 집 앞까지 데려다 준 이후에 오빠를 만난 기억도 그 집 평상에 대한 기억도 없다. 내 고향 집 기억은 그 후로도 얼마 간 더 남아있지만, 오늘은 '언덕'에 핀 연푸른색 '물망초'가 눈에 어른거린다. '두 점 사이의 최단 거리인 직선'을 따라 나온 오빠 기억이 사탕 물고 철길 건너던 어린 시절로 나를 부른다. 동창회 탓인가.

언덕에서

-민형식 시 / 김원호 곡

저산 넘어 물 건너 파랑 잎 새 꽃잎은
눈물짓는 물망초
행여나 오시나 기다리는 언덕에
임도 꿈도 아득한
풀잎에 이슬방울
온종일 기다리는 가여운 응시는
나를 나를 잊지 마오

- 2018. 10.

김장김치를 부치고 외 1편

이 숙 자

며칠을 준비해왔던 김장을 오늘에야 겨우 마무리 했다. 마늘과 생강, 파, 청각, 양파 등 양념으로 쓸 갖가지 재료들을 씻어 썰고 다지고, 체에 키친 타올을 깔아 맑은 청장을 만든 황석어젓갈 외에 새우젓과 멸치젓도 준비했다. 고추는 다듬어 적당한 굵기의 가루를 마련해 놓았으니 사전 준비는 완료 된 것 같다. 삼 개월 전에 심어 놓은 배추를 뽑아 소금물에 열댓 시간 정도 절여 깨끗한 물로 씻으면 절반 쯤은 끝난 셈이다. 지난해는 입동 무렵에 했던 것으로 기억되는데 올해는 가을 가뭄 탓인지 배추가 속이 차지 않아 일기예보를 주시하며 속이 차기를 기다리고 있었다. 전에 없던 더위 탓으로 모종 이식이 일주일가량 늦어진 상태여서, 갑자기 된서리라도 내려 다된 농사 망쳐놓는 것은 아닌지 하루하루를 긴장으로 보냈다. 배추밭이 고도가 높은 곳에 위치하고 있어 평지보다 열흘 정도 일찍 뽑아 김장을 하는 것이 예년의 일이었다.

생각해보면 봄부터 김장 준비를 했다고 해도 과히 어긋난 말은 아닐 성 싶다. 해동이 되자마자 밭갈이를 하고 포터에 길러놓은 고추 모를 심고 지지대인 말뚝을 세워 고추가 주렁주렁 열렸을 때의 무게를 대비해 촘촘히 줄을 매는 작업을 봄부터 해왔다. 고춧모를 이식한

지 2~3주쯤 되면 앙증스런 새하얀 꽃 속에서 초록빛 애기 고추가 '쏙~' 머리를 내민다. 하루가 다르게 성장한 애기고추는 드디어 파란 옷에서 빨간 옷으로 변신을 하기 시작한다. 훤칠하고 요염한 모습의 빨간 고추를 소쿠리에 담는 희열은 금화 주머니를 따듯이 소중하고 뿌듯하다. 맑은 물로 깨끗이 씻어 건조기에 말리는 작업은 여름의 일이다. 갓, 쪽파, 달랑 무는 막바지 더위가 끝나갈 무렵 8월 하순쯤 파종을 한다. 비슷한 무렵 포터에서 2주쯤 자란 배추를 이식하는 기초 작업은 여름과 함께 끝이 난다. 그러나 그것은 끝이 아니고 시작에 불과하다. 이제부터 갓난아이 돌보듯 한눈을 팔 수 있는 여유가 없다. 막바지 더위에 물은 부족하지 않은지, 해충의 먹이 감이 되지 않는지, 여러 유해 조건으로부터 보호해주는 일은 온전히 사람의 몫이다.

세 집(딸네와 오빠네)김장을 마치고 나니 소금에 절인 배추 잎처럼 흐물흐물 몸을 고추 세울 수 없이 늘어진다. 비축했던 에너지 저장고에 빨간 불이 켜졌다. 온몸이 쑤시고 결리고 아파 끙끙 앓는 소리가 절로 나온다. 큰大(대)자로 누워 소파에 몸을 맡겼다. "바윗돌을 들어 올려 축대를 쌓은 것도 아닌데 왜 이리 힘이 든담." 아무래도 내년에 또 김장을 할 자신이 없다. 밥을 주식으로 하는 이상 김치는 또 다른 주식이나 다름없다. 김치는 밥, 국의 동반자로 큰 비중을 자리를 차지한다. 요즘 혼 족들의 식생활은 많이 서구화되어 식탁에서 김치가 멀어 질 수도 있겠으나 밥이 주식의 자리를 물러나지 않는 한 김치 없는 밥상은 상상조차 되지 않는다.

막내딸이 식구들을 차에 태우고 어디론가 달렸다. 베트남 마사지샵이었다. 따끈한 물로 발마사지를 한 후 엎드리라 해 전신의 뭉친

근육을 맨손으로 문지르고 주물러 풀어주니 한결 가벼워진 느낌이었다. 전신을 사용하여 혈자리를 눌러 마사지를 하는 여인은 말투로 보아 외국에서 온 여자였다 한국말은 겨우 의사소통할 정도 밖에 안되었다. 취업으로 한국에 와 가족들과 떨어져 혼자 생활하고 있는 것 같았다. “힘들었죠. 잘 먹어야겠어요.” 손을 잡아 적은 액수이나 지폐를 쥐어 주니 “고맙습니다.”라 하는 인사말에 힘이 실리는 것 같다.

누워서 에너지 충전을 하고 있는 동안 무료를 달래기 위해 신문을 펴 들었다. 어느 시어머니가 며느리에게 전하는 한마디 당부와 독백이 가슴 절절이 와 닿았다. 세계 유일의 좌우 분단의 아픈 운명을 안고 사는 한민족의 한이 여실히 녹아있는 훈시였다. <마지막 김장김치를 부치며> 전하는 말이었다. 좌우 쏠림 현상에 동요하지 말고 중용을 지키라는 선배로서의 지극히 당연한 충고였다.

“~중략~ 전쟁도 겪고 IMF도 겪었으나, 혼돈시절엔 그저 좌우로 기울지 말고 제 본분 다하는 것이 최고였다. 사람 사귀는 일도 소금쟁이 건반 짚듯 해야 한다. 할 줄 아는 게 남 탓이요 조롱인 자, 나만 옳다고 을러대는 자들은 멀리 할지니 행여 풍파가 닥치더라도 몸만 성하면 된다. 달팽이가 바다를 건넌다고, 천천히 가면 뭐 어떠냐. 중한 건 언제나 사랑이었다. 따뜻한 손 다정한 말 향기로운 입김과 눈길이 벼랑 끝에 선 사람을 살리는 법이다. ~ 중략~ 고맙고 미안했다. 내 비록 까막눈이나 온종일 허리 구부려 일하며 이마에 흐르는 붉은 땀을 먹고 살았다. 춤 잘 춘다고 훈장은 줘도 평생 소처럼 일만하고 산 여인에게 주는 상은 없으니, 못 배워서 인가. 하여 나 죽거든 묘비에 한 줄 새겨다오. ‘잘 살았다,잘 견디었다.’ 그것으로 나는

족하니.”

<마지막 김장김치>란 말이 이순간의 나를 대변해주는 것 같았다. 오빠에게도 딸에게도 올해로 마지막이 될 것만 같아 허전하고 심란함을 누를 수 없다. 나 스스로를 구제할 방법을 찾고 있던 참이었다, 내년에는 아예 밭에 배추 모를 심지 말자. 자신에게 다짐을 하고 있는 중인데 전화벨이 요란하게 울린다. 시끄러운 소음이 귀에 거슬려 어쩔 수 없이 수화기를 들었다. 올케 언니였다. 김치, 고마워요. 잘 먹을게요. 간도 맞고, 아주 맛있어요. 한 시간 전에 퀵 서비스로 보낸 도착 인사이다. 우체국 택배로 부치려니 경기도엔 하루가 지나야 배달이 가능하다고 한다. 배달 도중 까딱하면 김치가 시어 버리기 일쑤여서, 신 김치는 아예 젓가락도 대지 않는 오빠를 위해 특별히 신경을 썼다. 맛있다는 한마디의 인사말이 다시 또 밀알이 될는지는?

– 2018. 11. 29.

보링 인생

이 숙 자

청녹색 하늘을 바라보노라면 어느새 나도 모르는 사이 하늘바다에 스르르 빠져 드는 느낌이다. 단풍잎 사이로 다이아몬드처럼 광채를 발산 하는 햇빛이 눈부시다. 8인의 등산 동아리 들은 쉼터에 앉아 가쁜 숨을 고르기 위해 티타임을 갖는다. 티 없이 청명한 가을 날씨에 몸도 마음도 흠씬 젖어 든다. 표현 가능한 감탄사는 모두 쏟아 내고 있다. 오늘 같은 청정한 날을 몇 날이나 더 볼 수 있을까? 우리는 이제 보링 인생이야. 엔진을 보링 했고 기어를 보링 했고 바퀴마저 보링 했으니 완전한 보링 인생이지 않나. 두 분이 머리 수술을 했고, 허리 수술, 무릎 수술 등 자르고 꿰매고 삽입해서 명을 이어가는 사람들이니 보링 인생이란 말이 자연스럽다.

신접살림을 차리고 자금이 여의치 않아 중고차를 산 적이 있다. 기동력을 필요로 한 사업이었기에 궁여지책으로 중고차를 살 수밖에 없었다. 겉보기는 새 차 못지않게 윤택이 났고 소음이 좀 나는 것이 흠이긴 해도 잘 굴러 갔다. 이렇게 성능이 좋은데 굳이 비싼 새 차를 할부로 살건 뭐람. 새 차 마니아들을 이해하지 못했다. 얼마 지나지 않아 우리가 했던 그 말을 곧 철회 하지 않으면 안 될 일이 벌어지고 말았다. 쉴 새 없이 달려야 하는 강변도로 중앙차로에서 잘 달리던 차가 갑자기 멈춰 서고 말았다. 황당한 일을 맞이한 남편은 붉은 깃발을 손에 들려주며 저만치 뒤에서 교통 정리를 하란다. 아직 새내기 티를 벗지 못한 애송이 때였다. 항변할 겨를도 없이 비지땀이 송알송알 이마에 맺히고 있었다. 수많은 차들이 달리는 도로 한 복판에서 교통정리를 하는 것이 큰 부담으로 다가왔으나 선택의 여지가 없었다. 졸지에 교통순경 역할을 훌륭하게 수행하고 있는 자신을 발견한 건 위급한 상황을 모면하고 난 후의 일이다. 사람은 벼랑 끝에 서야만 잠재했던 힘이 발휘되나 보다.

며칠 전 어느 상가 집 이야기다. 오전에 문상객을 받고 있던 상주가 사라지고 오후에는 문상객을 접대하는 사람이 아무도 없었다. 함께 살던 부인은 복덕방에 가고 없다 했다. 상가 집엔 나그네만 있고 문상객을 맞을 주인이 보이지 않았다. 돌아간 망인이 삼형제의 아들을 거느린 가장이었는데 본 부인이 살림을 헤프게 한다 하여 이혼 후 새 부인을 맞이했다. 새 부인 역시 사 남매의 자녀와 남편을 두고 이혼 후 새 가정을 꾸린 사람으로 주변에선 흔히 볼 수 있는 가정은 아니었다. 엔진보링(?)으로 새롭게 꾸민 이 가정은 꿈으로 부풀었을 것이다. 겉으로는 잡음 없이 매끈하게 굴러가는 듯했으나 부속품인 자녀들의 삐걱거리는 내부소음은 잠재울 수 없었던 모양이다. 망인은 한때 가장 손쉬운 방법으로 생을 마감하려 했던 적도 있었다. 상주 노릇을 하던 망인의 아들과 새 부인과 결전의 날이 바로 오늘이 아닌가 하는 짐작이 간다. 중고차의 소음을 호소하는 `예'가 바로 여기에 있지 않을까?

주말을 이용해 가을걷이를 하다 보니 많이 힘이 들었다. 입술이 부르트는 것은 예삿일이고 다래끼가 연이어 솟아올라 눈뜨기가 부자유스럽고 힘의 부침이 심하니 허리를 펼 수 없어 걸음걸이는 불성 사납게 안짱다리로 변해 갔다. 전형적인 시골 할머니의 모습으로 완전히 굳어가는 느낌이었다. 자신도 모르는 사이 탄식이 흘렀다. 에그 "이 집구석은 내가 없으면 어찌 굴러갈꼬?" "잘 굴러갈 테니 그런 걱정일랑 아예 접어두시오" 평소엔 이명이 들리고 작은 소리는 잘 알아듣지 못했던 남편의 말이다. 낮말은 새가 듣는다더니 곁에 남편이 있었던 사실을 까맣게 잊고 있었다. "그럼, 내가 없어도 아무 이상 없으니 안심하고 죽어도 좋다는 말 아니야?" 그의 말을 곱씹을수록 괘씸하기 그지없었다. 보통의 남편들은 '아내가 죽으면 화장실에 들어가 혼자 미소를 짓는다.'라고 하던데, 이 남자가 바로 그런 남자가 아닐까?

"다음 주말에 또 그 다음 주말에도 오나 봐라." 검은 머리 파뿌리가 되는 날까지, 아니 백골이 진토 되는 날까지, 님 향한 일편단심이 와르르 무너지는 그 진동으로 가슴이 마구 뛰었다. 어쩌면 저렇게 저질인 남편을 그토록 믿었을까! 나의 어리석음에 재차 탄식이 흘렀다. 그래! 백골이 진토 되도록 미련하게 살지 말자. "내 몸을 고이고이 잘 모시자 이제부터 나의 육신에게 휴식을 주리라." 다짐 다짐을 하며 멍하니 허공을 뚫어 져라 응시하는 내게로 다가와 "무슨 생각을 그리도 골똘히 해요?"다정 한 척 어깨를 주무르려 한다. 그는 자기 입에서 무심코 튀어나온 말이 얼마나 무시무시한 말인지 조차 가늠하지 못하는 것 같았다. 갑자기 말을 하지 못하는 무언이처럼 행동하는 나를 이해하지 못하겠다는 반응이다.

"내 몸에 이상이라도 오는 날엔 곧 바로 보링센터에 달려갈 사람(?) 새 가정에 드는 견적서를 부탁할 사람(?) 생각이 이에 미치자

손길이 닿는 것조차 징그러웠다. 그의 손을 뿌리치고 자리를 박차고 일어섰다. 습관적으로 부엌으로 들어갔다. 냉장고 문을 열어 젖혔다. 물렁하게 씹기 편한 찬거리가 뭐 없을까. 그는 육 개월 째 치아를 보링 중이다. 고추 농사짓느라 몸에 무리가 간 때문이리라.

- 2018. 11. 02.

백두산 기행 외 1편

임 성 규

연초 칠순이라 하여 아들 사돈댁에서 여행상품권을 선물로 보내왔다. 이제 나이 들어 다리에 힘 빠지고 웬만한 곳은 다녀왔으니 해외여행은 그만하자 했지만 국내여행만으로는 보내온 여행상품권을 다 쓰지 못할 것 같아 짧은 해외여행을 계획했다. 민족의 영산 백두산과 천지를 보기로 했다. 8월이 최성수기라 하여 8월 중순 광복절이 드는 8월 11일 출발하는 것으로 확정했다.

연길공항에 내려 도문시 두만강공원으로 갔다. 눈앞에 흙탕물이 흐르는 강이 보인다. 두만강이라 한다. "두만강 푸른 물에…" 이건 노래일 뿐이구나! 건너편 산은 민둥산이다. 나무 하나 없다. 산위에 그 조그마한 집하나 그것은 북한군 초소이고 움직이는 그림자 같은 것 그것은 초소를 지키는 북한 군인들이라 한다. 산 아랫마을은 조용했다. 인적도 없다. 마을 가운데 조금 큰 건물에는 두 장의 사진이 걸린듯하여 쌍안경으로 보니 김일성 부자의 사진이다. 북한 남양시의 인민당사라 한다. 이쪽 중국 쪽은 왁자지껄한데 그쪽은 왜 그리 적막인가! 마치 죽어가는 도시 모습을 보는듯하여 마음이 아려왔다. 중국 쪽 언덕 위에 희고 큰 건물이 하나 있다. 밤중에 몰래 두만강을 건너온 북한 주민들을 잠시 수용했다가 다시 돌려보내는 곳이라 한다. 북한도 우리나라 북한 주민도 우리 민족인데 어둡고 슬픈 모습을 보는 것 같아 기분이 우중충했다.

백두산 아래 도시 이도백하로 이동하기 위하여 4시간 이상 버스를 탔다. 차창 밖으로 보이는 길가의 모습은 황량했다. 밭에 키우는 농산물은 온통 옥수수와 콩뿐인 것 같다. 그 땅에는 그것밖에 농작물이 자라지 않는 듯했다.

아침 7시 호텔에서 백두산행 VIP용 버스를 탔다. 한 시간 후 백두산 풍경구(백두산 입구)에 도착했다. 어마어마하게 많은 사람들이 줄을 서서 기다린다. 백두산에 오르는 첫 등정 큰 버스를 타기 위해 그 많은 인파가 줄을 선다 한다. 우리는 그 줄을 무시하고 곧바로 큰 버스를 탔다. (VIP 코스 등정이라 그렇다 한다.) 잠시 후 버스에서 내렸다. 작은 지프차로 갈아타기 위해서인데 여기서도 기다리는 줄이 이만저만이 아니다. 이 시각에 여기에 줄을 선 사람은 아마도 새벽 1시경 숙소에서 출발했을 것이라고 안내자는 말했다. 여기서도 우리는 그 줄을 무시하고 곧바로 천지행 지프차로 갈아탔다. 280대의 소형 지프차가 천지까지 오르내린다 한다. 꼬불꼬불 좁은 산길을 쏜살같이 달린다. 맞은편에서 내려오는 지프차와 부딪힐 것 같이 스쳐 지나간다. 지프차가 코너를 돌 때면 승객들이 비명을 지른다. 몸이 밖으로 튀어나갈 듯해서였다. 안전벨트를 단단히 맺지만 손잡이를 잡는 손이 부들부들 떨린다.

호텔을 떠난 지 한 시간 반 만에 정상에 도착했다. 하늘은 맑고 푸르고 산 아래는 멀리 눈으로는 끝을 알 수 없는 임해(나무바다)가 펼쳐져 있다. 바로 눈 위에는 삐죽삐죽 거대한 바위 봉우리들이 병풍처럼 둘러져있다. 그 바위들이 둘러싸고 있는 곳이 천지라 한다. 한참을 걸어올라 삐죽한 바위 봉우리 위에 섰다.

아! 천지! 눈앞에 초록색과 푸른색을 띤 거대한 호수가 펼쳐져 있다. 가슴이 벅차왔다. 천지! 그것은 우리 민족의 원천(샘)이 아닌가! 벅찬 감정에 일행은 서로 하이파이브를 했다. 눈물을 글썽거리는 사람도 있었다. 얼마나 많은 은총을 받았기에 눈이 시리도록 푸른 천지가 내 앞에 이리 맑게 펼쳐지는가! 우리는 다음 일정을 취소하고 한 시간 반 이상을 천지에 머물렀다. 백두산에 와서 천지를 마음껏 보았으니 더 이상 아무것도 바랄 것이 없는 것 같았다.

다음날 아침 용정으로 출발했다. 하늘은 흐리고 빗발이 날린다. 어제는 백두산 관광객이 너무 많아 일찍 등정을 제한했으며 오후에 정상에 오른 사람들은 비바람으로 천지를 보지 못했다 한다. 아마 오늘 이런 날씨면 등정 자체가 금지될 것 같다 한다. 용정으로 가는 길에 비가 쏟아지고 구름인지 안개인지가 앞을 막아 길이 잘 보이지도 않는다. 모두들 잠에 빠져있는데 나 혼자만이 창밖을 내다보고 있었다.

용정이 가까워오자 비는 그쳤고 구름도 조금 걷혔다. 안내자가 모두를 깨웠다. 창밖의 산을 보라 했다. 구름에 높은 봉우리가 가려진 산이 나타났고 낮은 봉우리에 정자인 듯한 것이 희미하게 보였다. 비암산이고 일송정이라 한다.

일송정! 독립투사들이 쉬어가던 곳 함께 의논하던 곳 정자는 희마하게 보이나 소나무는 없다. "일송정 푸른 솔은 늙어늙어 갔어도……." 다 같이 선구자 노래를 합창했다. 노래가 끝날 때쯤 조그만 다리를 건넌다. 노래 2절에서 나오는 용문교이다 그 밑을 흐르는 넓지 않은 강이 혜란강이고…….

아! 여기가 우리 민족의 한이 서린 만주 땅 용정이란 말인가! 안내자에게 여기 박경리의 소설 토지에 나오는 서희 집이나 공노인의 주막 같은 것이 있는지 물어봤다. 박경리의 토지도 서희도 공노인도 모두 모른다 한다. '그래 그 옛날의 만주의 용정땅은 우리의 가슴에 만 있고 지금 이곳은 낮 모르는 중국 땅 용정이구나.' 꿈에서 깬 듯 혼자 중얼거렸다.

"무시무시한 고통에서 죽었구나! 29세가 되도록 시를 발표하여 본 적도 없이[1)]" 시를 많이 쓰긴 했지만 발표 한번 하지 못한 시인, 해방을 불과 6개월 앞둔 날 스물아홉의 나이로 일본 후쿠오카 감옥에서 요절한 민족시인 윤동주의 생가를 찾았다. "중국 조선족 애국시인 윤동주 생가"란 커다란 돌비석이 우리를 맞았다. '그렇구나. 이곳은 우리 땅이 아니구나. 이곳에서 윤동주는 우리 대한민국의 민족 시인이 아니고 중국 국적 조선족의 애국시인일 뿐이구나.'하는 생각이 들면서 마음이 또 아려왔다. 생가는 조용했다. 관람객은 우리 일행뿐이다. 입구에 낡은 건물 하나가 흉물처럼 서있다. 당시 교회였는데 기념관으로 사용해오다 기념관을 새로 지어 이관한 후 그대로 방치하고 있는 듯했다. 교회로 복원은 할 수 없고 철거도 쉽지 않아 그리 두는 것 같았다.

마당 곳곳에 돌을 깎아 시를 새겨놓았다. 너무 많이 너무 넓게 흩어져있어 짧은 시간에 다 읽을 수는 없었다. 한 번도 시를 발표해보지 못한 한을 풀기 위해 이렇게 지은 시를 하늘을 향해 펼쳐놓은 듯도 하다. "죽는 날까지 하늘을 우러러 한 점 부끄럼 없기를……." 서시가 새겨진 시비 앞에서 나도 하늘을 우러러보며 "여기가 우리 땅이면 얼마나 좋을까 그러면 이렇게 적적하지도 않을 테고 우리 문우님

1) 유고시집 『하늘과 바람과 별과 시』 정지용 시인 서문 중에서

들 문학기행도 여기로 올수 있을 텐데."하고 중얼거려 보았다.

"백두와 한라에 뻗은 삼천리……." 내가 근무했던 중앙은행인 한국은행의 행가 첫 구절이다. 50년 전 그곳에 입행하여 세상을 다 얻은 것처럼 의기양양해서 그 노래를 불렀었다. 그때 가지도 못할 백두산을 첫 노랫말로 하였는지 생각한 적이 있었는데 이제 백두산에 올라 천지를 봤다. 백두에서 한라까지 우리나라를 다 본 것 같아 뿌듯하다. 다만 한 가지 더 바랄 것이 있다면 이제 우리 땅 밟고 백두산 천지를 한 번 더 보고 싶다. 요즈음 분위기 봐서는 될 것 같다는 생각이 들기도 하지만 금방 이루어질 것 같지는 않기에 그 욕심은 내려놓는 것이 좋을 듯도 하다.

순댓국

임 성 규

날씨가 무척 덥다. 너무 덥다! 시원한 냇가에 가서 복달임 한번 해봤으면 좋겠다. 옛날부터 복달임에는 개장국이 제격이라 했는데 요즘은 그놈의 애완동물 타령(?)에 삼계탕만이 복달임 음식인양 행세를 하고 있다.

복달임 음식에는 삼계탕보다는 오히려 순댓국이 더 좋을 것 같다는 생각이 든다. 물론 나 혼자만의 생각에 그칠지 모르겠지만……. 순댓국은 돼지 뼈나 소뼈를 푹 고아 내장(허파, 간, 오소리감투)과 머릿고기를 넣어 다시 끓여낸 국이다. 이름은 순댓국이지만 북엇국 등 다른 OO국과는 달리 순대가 들어가기는 해도 순대가 그 맛을 내는 주재료는 아니라 한다. 영양이 많고 값도 싸고 특히 소주와 잘 어울리며 해장에도 좋다고 알려져 있다.

마을마다 순댓국집이 아직까지는 한두 곳이 남아있어 여름이지만 대낮부터 소주와 순댓국을 즐기는 사람들의 모습을 보는 것이 그리 어렵지만은 않다.

1990년 초 감정평가사 사무실을 내고 차츰 거래처를 확장해 가고 있을 때 일이다.

어느 날 A 거래처 B 부사장이 전화를 걸어왔다. "은행감독원에서

5명이나 검사를 나왔다. L 반장님 잘 아시는 분이냐? 우리와는 절대 식사를 하지 않겠다. 하니 한번 오셔서 점심 식사도 하시고 반주도 좀 드시게 하시어 검사 분위기라도 좀 부드럽게 해달라, 인근에 마땅한 식당이 있으니 미리 평가사님 이름으로 예약을 해두겠다." 했다.

점심시간에 맞춰 A 거래처 검사장으로 갔다. L 반장님과 반원들에게 인사를 하고 같이 점심 식사를 하시자고 말씀드렸다. L 반장께서 하시는 말씀이 "요즘 검사 기간 중에는 외부인사와 절대 식사를 하지 말라는 지시가 엄격하다. 한국은행 출신이니 굳이 외부인사는 아니라고 하겠지만 보는 사람들 눈이 많아 제대로 같이 식사를 하기 어렵다. 이왕 왔으니 옛날 당신과 검사 다닐 때 먹던 순댓국이나 같이하자. 물론 식대도 자네가 부담해서는 안 되네……." 하셨다.

순댓국집으로 갔다. 김이 모락모락 나는 순댓국과 암뽕 오소리감투, 머릿고기가 정말 맛있어 보였다. 지난날 동료 은행검사역들과 같이 지방에 출장 가서 그곳 명물이라는 순댓국과 소주를 먹던 생각도 났다. 그러나 입맛이 없었다. 입안이 깔깔했다. 먹는 둥 마는 둥 식사를 끝냈다.

"A 거래처 B 부사장 다른 곳에 점심 예약을 한 것 같은데 이를 어쩌나! 제대로 식사 대접하라 부탁했는데……. 반주까지 곁들이라 했는데……. 이제 A 거래처와의 거래를 계속 할 수나 있으려나……." 걱정이 돼서였다.

식사 후 L반장님 방으로 갔다. 그리고 답답한 사정을 말씀드렸다. "L반장님 사정 좀 봐주십시오. 이곳은 제가 은행감독원 출신이라 하여 겨우 거래를 트고 이제 조금씩 자리를 잡아가고 있습니다. 저도 은행감독원 출신인데 검사 나오신 분들에게 점심도 한 번 사지 못하는 무능한 사람이라 그들이 그리 알면 저는 더 이상 이곳의 감정평가 일을 하기가 어렵습니다. 오늘 B부사장이 전화를 했고 반주까지 대접하라 하며 식당까지 정해줬는데 이를 어찌합니까! 이곳에 반장님이 검사를 나오지 않으셨다면 어떻게 해서든지 거래를 계속할 수 있었는데 이제 끝이 난 것 같습니다. 이런 사정이라면 제가 거래하는 금융기관에는 차라리 은행감독원 검사는 나오지 말았으면 좋겠습니다……." 나도 모르게 목소리가 떨리고 격앙되었으며 참으려 했지만 눈앞이 뿌옇게 흐릿해져서 천장을 보며 눈을 껌뻑거리고 있었다.

L반장님 깜짝 놀라시며 "자네가 그렇게까지 힘든 줄은 몰랐네. 나는 오히려 은행감독원 출신이라 금융기관들이 더 잘 봐줄 거라 생각했는데……. 오히려 우리 검사역들의 생각이 너무 순진한 것이구먼.… 세상이 다 그런 것이구먼……."라 하셨다.

그 후 L반장님은 거래처 금융기관에 검사를 나오시면 먼저 제게 전화를 주셨다. "이곳 점포장에게 당신 잘 봐주라 부탁했다. 와서 점심이나 사고 가라 순댓국 같은 것 말고 제대로 된 식사 한번 하고 가라." 하셨다. 그것도 그 거래처 점포장을 앞에 두고 큰소리로 그리 전화를 하셨었다.

그것이 벌써 25년 전의 일이었다. 나도 이제 은퇴를 했고 L 반장님은 여든이 훨씬 넘으셨을 텐데 어디에 사시는지도 모르고 있었으니 '나도 참 무심한 사람이구나' 생각했었다.

용인시 백암면 OO순대국집이었다. 날씨는 무덥지만 순대국집 안은 시원했고 점심이라면 너무 늦고 저녁시간이라면 이른 시간이라 그 유명하다는 백암의 순대국집이지만 손님은 많지 않아 조용했다. 어제 마신 술이 다 깨지도 않은듯한데 나는 계속 소주를 홀짝거리고 있었다.

순댓국 맛이 좋고 암뽕 오소리감투, 머릿고기 등 안주가 좋아서였을까? 창문밖에 내리고 있는 한 줄기 소나기가 시원해서였을까? 그러나 그런 것만은 아니었다.

머리가 하얗게 쉬시고 여든도 훨씬 넘으신 L 반장님이 얼굴에 미소를 보이시면서 "나 그때일 기억나지 않아 아마 자네가 날 잘못 기억하고 있을 거야……."하시면서 다 비워지지도 않은 내 술잔에 연신 소주를 따르시고 계셨기 때문에 그날 술은 점점 더 취해 올 수밖에 없었다.

"이제 됐다! L반장님이 이곳 백암에 귀촌해 오신 것 알았으니 이제 백암 순댓국과 소주는 자주 먹게 되겠지……. 그래 많이 먹고 마시자 아쉽지만 우리 앞에는 그렇게 할 수 있는 남은 세월도 그리 길지는 않을 테니……."

연극 '조선간장'을 보며 전통에 대한 고찰(考察) 외 1편

김 순 자 (자경)

대학로에서 이번 3월에 보았던 연극 '조선간장'을 떠올리며 생각에 젖어 본다. 나는 어렸을 때부터 집에서 간장 담그는 일이 커다란 행사라는 것을 잘 안다. 간장 맛이 좋아야 집에서 만든 모든 음식이 맛있다는 말을 듣고 자랐다. 시골 할머니 댁에 가면 간장 맛이 좋아 음식이 다 맛있다는 말들을 했다. 때가 되면 늘 간장을 담아왔다. 항상 집에서는 씨간장을 애지중지해 왔다. 하지만 결혼해서부터 지금까지 내 손으로 간장을 담아본 적은 단 한 번도 없다. 친정어머니 생전에 간장을 담아서 꼭 챙겨주셨기에 내 스스로 간장을 담을 생각을 해보지 않았다. 심지어 왜간장을 통한 음식 맛에 길 들여져 조선간장의 고유한 맛과 소중함을 잊고 살고 있다. 최근에는 새로 나온 연두로 모든 음식의 간을 맞추고 있다. '조선간장'이란 연극을 보면서 새삼 간장에 대한 관심을 갖는 계기가 됐다.

연극은 조선간장의 근원인 씨간장을 둘러싼 가족 간의 갈등과 화해 등 각종 에피소드를 잘 묘사하고 있다. 씨간장이 거액의 금액으로 거래 될 수 있다는 것을 알게 된 자식들과 씨간장에 대한 애착이 강한 노부부간의 갈등이 돋보였다. 자식들은 씨간장을 비싼 가격에 사겠다며 도시에서 온 공장장과 이를 부추기는 이장에게 씨간장을 팔

아넘기려 한다. 이 와중에 자식 삼남매는 자신들의 삶속에서 어려운 처지와 각종 아픈 사연들을 내세우며 그 해결책이 곧 씨간장을 파는 일이라고 생각한다. 씨간장을 차지하고자 서로 감시하고 싸우며 갈등은 극에 달한다. 전통을 지키려는 과거 세대와 돈으로만 모든 것을 해결하려는 현대 세대, 편하게 사먹는데 익숙한 미래 세대 간의 갈등이 연극 속에 잘 묘사돼 있다.

연극을 보면서 순간 나를 돌아보는 계기가 되었다. 나는 오래전부터 전통을 무시하고 편하게 사는 데 익숙해 있다. 나도 한때는 '장인정신'을 소중히 여기고 문화재에 대한 애정이 강하다고 자부해왔다. 그런데 지금 생각해보니 까다로운 전통 방식을 고수하기보다 편하고 간단한 인스턴트 즉 현대 방식에 익숙해졌다. 언제부터인가 나는 우리 집안의 유교적인 전통을 따르기보다 이를 거부하는 편에 속했다. 내가 앞서 나가고 있는 선구자인양 이날까지 살아온 것 같다. 연극을 관람하면서 새삼 온고지신(溫故知新)이라는 단어를 새롭게 떠올려 보았다. 연극 말미에는 씨간장을 갖고 도망간 막내아들이 돌아오고 어머니는 큰 며느리에게 씨간장(전통)기술 등을 전수해준다. 가족들이 밥상에 둘러앉아 함께 식사하는 것으로 가족 간에 화해하며 결말을 맺는다.

이 연극을 보면서 많은 사람들은 가족의 사랑과 전통의 소중함을 생각 할 것이다. 하지만 가족 간 화합도 맞겠지만 문뜩, 분배 우선주의냐 성장 우선주의냐를 두고 갈등해온 현대 우리 사회문제를 담고 있다는 생각이 들었다. 내가 연극 속 부모였다면 '씨간장'이라는 전통 방식을 우리만 지니겠다고 고수하기보다 씨간장의 기술과 노하우를 공장에 팔아 대량 생산하는 데 기여하는 길을 택했을 것이다. 이를 통해서 다수의 사람들이 우리 간장의 고유한 맛을 느낄 기회를 얻게 된다면 이것이 훨씬 현명한 선택이 아니었을까? 전통은 고수하는 것이 아닌 함께 나눌 때 비로소 그 가치를 발휘한다고 여겨지는 마음이 들었다. 연극 관람 후 시골친척에게 부탁해 조선간장을 준비했다. 모처럼 조선간장을 사용해 옛날 추억의 밥상을 음미해보고 싶어서……!

- 2018. 5. 17.

주인의식(主人意識)

김 순 자 (자경)

세상 살다보면 본의 아니게 엉뚱한 일이 생긴다.

잠실 친구모임에 참석코자 분주하게 서두르는데 택배기사의 전화가 왔다. "집에 계시는 거죠?" "아뇨 나 지금 외출 하려는데요."라 했더니 "택배로 보내온 물건이 무거우니 그럼 현관문 앞에 놓아두고 갈게요"라고 했다. '그럼 그렇게 하라'며 나갔다가 늦은 시간 귀가했다.

현관문 앞에는 커다란 아이스박스가 놓여 있었다. 누가 무엇을 보냈는지를 살펴보았더니 내가 친구에게 홈쇼핑을 통해 보낸 상품이었다. 분명 상담사에게 친구에 대한 안부 어구까지 적어서 보내달라고 부탁했던 상품인데 우리 집에 와 있었던 것이다.

홈쇼핑에 전화를 걸어 어떻게 된 영문인지 물었다. 전화를 받던 상담사는 어찌된 상황인지 확인 후 연락을 주겠다고 답했다.

두서너 시간을 기다려도 홈쇼핑 측으로부터 어떠한 연락도 없었다. 홈쇼핑에 다시 전화해 상담사에게 물었다. 그 상담사는 자신이 처음 받는 전화라며 다시 확인 후 연락을 주겠다고 말했다. 주문 당시 녹취했던 것을 확인해 보고 연락한다는 것이다. 앞서 통화했던 상담사와 똑같은 답만 되풀이했다.

화가 머리끝까지 치솟은 나는 이 문제를 상담사들과 이야기하다가는 시간만 허비하고 또 두 시간 후 연락하겠다고 하고선 연락이 오지 않을 것이 확실한 만큼 더 이상 참을 수 없어 화를 내고 말았다. 어떻게 대처하겠다는 묘안도 없이 그저 확인해보고 연락하겠다는 그들이 도저히 이해가 안됐다. 모든 일을 좋은 것이 좋다는 식으로 양보하며 살아온 '나'라는 사람을 스스로 돌아보는 계기가 됐다.

먼저 상담을 한 그녀나 지금 상담을 받는 상담사도 자신들의 근무시간만 무사히 넘기면 된다는 식으로 고객을 응대하는 것 같아 나로선 강하게 대처할 수밖에 없었다. 25일까지 친구에게 배달되었어야 할 상품이 나에게 날아왔으니 나더러 이것을 그냥 먹으라는 의미냐고 따져 물었다.

여름, 특히 이 같은 더운 날씨에 상하기 쉬운 생물인데 보낸 사람 집주소로 보내왔으니 이 경우는 어떻게 해야 하는가 물었다. 전화를 받은 상담사는 자신은 그 상황을 잘 모르는 만큼 확인해 보고 연락을 주겠다는 말만 했다. 먼저 전화를 받았던 상담사도 2시간이 넘도록 연락을 두절하더니 다시 똑같은 말들을 되풀이 하는 이들의 자세가 오히려 홈쇼핑의 횡포로까지 느껴졌으며 괘씸하다는 생각까지 들었다.

나는 단호하게 말했다, 지금으로부터 1시간의 여유를 주는 데 더 이상의 시간이 소요된다면 참지 않겠다고 경고했다.

20-30분 정도의 시간이 지나자마자 홈쇼핑 쪽에서 연락이 왔다. 아주 저자세로 자신들의 불찰로 벌어진 일이라고 시인했다. 토요일에 상품을 반환해갈 것이며 월요일에 새 상품을 배송하겠다고 말했다.

그동안 나는 주문한 상품에 대해선 설사 하자가 있어도 이해해왔고 웬만하면 반품을 시키지 않으려는 자세로 홈쇼핑과의 거래를 해왔었다. 하지만 이번 사건은 화가 치밀어 올라 언성까지 높이게 되었다. 홈쇼핑 상담사들의 고객 응대 태도며 무책임한 언행이 나의 심기를 불편하게 만들었기 때문이다.

오랜 세월 홈쇼핑 고객 상담사와 통화할 때마다 비록 직접 그를 보거나 만나지 않지만 점잖게 응하며 좋은 이미지를 남겨왔다. 좋은 게 좋은 거라는 생각으로 상대를 이해하는 바탕에서 작은 하자나 결점은 덮고 내색하지 않았다.

하지만 무책임하게 상대에게 책임을 전가시키는 홈쇼핑 상담사들의 이번 태도만큼은 나를 더 이상 참지 못하도록 만들었다.

자신의 시간을 조금만 희생해 소비자들의 마음을 살피고 고객이 원하는 상황을 서둘러 확인해줬다면 자신들이 몸담고 있는 회사의 이미지 하락은 물론 실수한 상담원의 잘잘못도 굳이 따지지 않고 잘 넘어 갈 수 있었을 것인데……!

고객의 얼굴을 직접 본적이 없다지만 전산 상으로도 확인 가능한 해당 홈쇼핑 단골고객임을 뻔히 알면서도 이처럼 무례한 행동을 할 때 가끔 이용하는 고객들에게는 오죽하랴 하는 마음이 생겼다. 이들이 이번 일을 계기로 새로이 거듭나길 바란다.

홈쇼핑 상담원이 어떠한 곳에 몸을 담고 있든지 뜨내기라는 생각에 여전히 머문다면 자신의 발전은 계속 결여되리라고 생각 된다. 교직을 떠난 지 많은 세월이 흘렀지만 나는 옳지 못한 것을 보면 고쳐주어야 직성이 풀리니 내게도 문제가 있다.

비록, 나의 감정을 상하게 했던 홈쇼핑 상담사지만 이번 일을 계기로 이 젊은 친구가 향후 어느 곳에서 근무하던지 확고한 주인의식을 갖고 고객 입장에 서서 불편함이 없도록 문제 해결에 나서는 친절한 상담사로 거듭나길 바란다.

하숙생과 거짓 사랑 외 1편

김 인 건

지난 여름 가수 최희준이 유명을 달리하였다. 우리는 고등학교 시절 그의 "하숙생"을 즐겨 불렀고, 그가 부른 곡들은 우리의 삶이 기쁘거나 슬플 때 항상 같이 있었다. 그가 갔다는 소식에 우리의 또 하나의 삶의 편린을 잃어버린 것 같았다.

나는 음악 듣기를 즐기는 편이다. 그렇다고 해서 음악에 조예나 소질이 있는 것은 아니다. 초등학교 때부터 모든 과목에 '수'를 받았지만 '음악실기'만은 항상 '미'였다. 나는 음치는 아니었지만 음정을 맞추는 데 애를 먹기 일쑤였고, 선천적으로 음에 약하고 바이브레이션에 콧소리가 있어, 나는 아직 노래 잘하기에 고프다.

80년대 일본 출장에서 처음 접해 본 '가라오케'가 한국에 상륙하면서 노래방 문화가 생겼다. 이 노래방 덕에 나의 음감(音感)은 나아졌다.

옛 성현들*도 정치를 하건 사업을 하건 음악을 즐기라고 했다. 음악이 본인의 정서를 안정시켜주고 사람과의 인화에 윤활제 역할을 하는데 는 으뜸이라 하였다.

그래서 우리들은 회식 후 노래방을 인화단결의 본거지로 활용하였고 이 문화에 익숙해진 것 같다.

나는 노래는 잘 부르지 못하지만 모든 장르의 음악을 좋아한다.

젊은 시절, 가장 대중적인 미국 민요 “오 대니 보이” “홍하의 골짜기(red river valley)” “은발(silver thread among the gold)” 등을 즐겨 듣고 불렀었는데 최근에 스마트 폰에 이런 곡들을 저장해두고 전철에서나 걸어갈 때 듣고는 한다.

어제는 “오 대니 보이”를 여러 가수(재키 에반코, 등)들의 버전으로 듣다가 가사 2절을 자세히 들어보았다.

꽃들이 모두 시들어 갈 때 / 네가 돌아와서 / 그때 내가 죽었거나, 죽게 된다면 / 너는 내가 누워있는 곳을 찾아 무릎 꿇고 / 날 위해 작별인사를 해줄 수 있겠지 / 그러면 난, 내 누운 땅 위를 사뿐히 밟는 / 너의 발걸음소릴 들을 수 있을 테고 내 모든 꿈은 따스하고 더 즐거울 수 있을 거야. / 그리고 잊지 않고 날 사랑한다고 말해준다면 / 난 네가 올 때까지 / 아주 평화롭게 잠들 수 있을 거야

어려서부터 한글로 불러온 “아! 목동아”에서, 나는 항상 푸른 산골짝과 목동 그리고 그를 그리워하는 연인을 상상하고 있었는데 이 아름다운 영상이 사라지고 떠나간 아들을 기다리는 지쳐가는 아버지의 슬픈 모습만 남아있는 것이 아닌가.

푸치니의 “잔니 스키키” 중에서 “사랑하는 나의 아버지(O mio babbino caro)”라는 아리아를 가사의 뜻을 모른 체 듣고 있으면 멜로디의 감미로움과 아버지에 대한 애타는 아픔을 느끼며 여러 가지 상상을 해 볼 수 있다. 그러나 그 가사를 열어보면 생각지도 않는

반전이 기다리고 있다.

“아버지 제가 사랑하는 그이와 로사에 가서 반지를 사려는데요. 아버지가 그이를 허락해 주지 않으면 아르노강에 가서 빠져 죽겠어요.” 라며 사뭇 아버지를 협박하는 내용이다.

클래식 기악곡은 음악 열등생인 나에게는 지루하게 느껴질 때가 많다. 한곡을 자주 들으면서 작곡가와 곡에 대해서 해설을 듣고 콘서트에서 직접 접해보고하면 들을 때 마다 감흥이 깊어지기는 하지만 친숙해 지기에 무척 힘들다. 그러나 아기자기한 피아노, 애잔한 바이올린의 선율과 웅대한 오케스트라는 우리의 상상력을 자극하고 나도 모르는 명상의 세계로 인도한다.

편안히 듣고 멜로디와 가사의 매력에 같이 빠질 수 있는 것은 역시 한국 가곡과 가요다. 학창시절에는 가곡을 무척이나 좋아했다. 오디오가 발달되지 않은 시기라 친구들과 한국 가곡 100선을 보면서 “그 집 앞” “동무생각” 등을 즐겨 불렀고

조두남의 “그리움” <기약 없이 떠나가신 그대를 그리며 / 먼 산 위에 흰 구름만 말없이 바라본다……>를 외로울 때면 하숙집 옥상에 올라가 먼 하늘을 바라보면서 나 혼자 불러보고는 했다.

방탄소년단의 기세가 것 잡을 것이 없다. 빌보드 1위에 도교돔 관중이 5만이라 한다. 이들의 거짓사랑(fake love)을 유튜브를 통해 들어보았다. 음악과 춤 그리고 비쥬얼이 뛰어나다. 가사도 한글, 영어 혼용으로 철학적이다. 알아들으려면 별도로 공부를 해야 한다. 디지털 시대의 우리 청년들 대단하다. 세계의 한류 열풍을 이제야 알 것 같다.

최희준의 “하숙생” 배호의 “돌아가는 삼각지” 가사는 우리의 인생

이었고 멜로디는 우리의 흥이었다. 우리 세대가 행복하게 살게 해준 명곡들이다. 사람도 가고 노래도 가고 시대도 간다. 방탄소년단의 노래에 열광하는 우리 애들은 그들의 시대를 열어가고 있는 것이다.

나는 오늘도 학교에 오는 전철 안에서 박일남의 "엽서 한 장"을 들으며 나의 1960년대로 돌아가고 있다.

* 공자는 <논어>, <술이편>에서 "제나라에서 소악을 듣고, 배우는 석 달 동안 고기 맛을 잊었다" 하였고 <태백편>에서는 "시(詩)로써 감흥을 돋고. 예(禮)로서 행동을 바르게 세우고 ,악(樂)으로 완성한다"고 하였다.

-2018. 11. 21.

感氣가 가르쳐 준 것들

김 인 건

날씨가 춥다, 서울이 영하 10도이다. 차차 풀린다고 하니 지내기 수월해 지려나. 일주일 전부터 시작된 고뿔이 견디기 힘들다. 지지난 토요일 바람이 찬데 결혼식에 갔다가 친구들과 바둑을 두었다 기원이 꽉 차서 공기도 좋지 않아 바로 감기가 온 것 같다. 열은 나지 않으나 비염으로 인해 몸이 여러 군데가 쑤시는 게 몸살기도 있다. 코에 잠기는 콧물을 소금물로 여러 번 씻어내도 별 효험이 없다. 지난달에도 콧물감기로 3주 정도 고생하였는데 또 감기로 고생해야 한다니 앞으로 일 주일 이상 힘들 것 같다, 나이가 들어 면역력이 많이 떨어졌나 보다.

그제 일요일은 처갓집 모임이 있었다. 일주일 동안 거의 집에만 있다가 오랜만에 샤워도 하고 예배를 마치고 모임에 갔다.

아내는 2남 3녀 중 둘째 딸인데 손자 또래까지 합쳐 30여 명 모인 것 같다. 미국에 사는 처제가 오랜만에 나왔고 큰처남 둘째가 여자 친구를 소개하려 같이 왔다.

어른은 어른끼리 애들은 애들끼리 담소를 나누고 맛있는 식사도 하였다. 미국서 온 처제가 경제와 북한문제로 한국 걱정을 많이 한다. 대학교수로 있는 둘째 처남은 우리와 생각이 다르다. 우파가 집

권해야 한다는 나의 말에 "이언주(국회의원)" 보기 싫고 한국당이 집권해서는 안 된다고 맞받아친다. 나는 그래 지금의 한국당으로는 안 되겠지 하고 생각하면서 말을 이어가려는데 누군가 정치얘기는 하지 말자고 한다. 화제를 돌려 큰 처남 아들 결혼식이 부산에서 예정되어 있다하니 그때 콘도를 빌려 1박 2일로 부산 가자고 의논들도 하며 모임을 마무리하였다.

모임 후 왜 우리와 작은 처남과의 이념 차이가 클까? 궁금해졌다. 세대(12살 차이) 차이일까? 사회경력이 달라서 그럴까? 기업에 몸담았던 사람이 아무래도 현실적이고 경제를 좀 더 생각하기 때문일까? 아직 알 수가 없다. 하지만 서로의 차이를 인정하고 슬기로운 해법을 찾을 수는 없을까?

모임에 다녀온 아내가 속이 좋지 않다고 저녁식사를 거른다. 밤새 5번 정도 토했다고 한다. 게다가 감기까지 겹쳐 몸 상태가 말이 아니다. 예은이, 성준이 아침 밥을 먹인 후 방에 들어가서 이불을 덮어쓰고 오전 내내 끙끙거린다. 아내는 웬만해서 감기나 배탈로 드러눕지 않는데 많이 힘드나 보다.

나는 아직 콧물감기로 완전하지 못했지만 아내가 드러눕고 보니 나라도 정신을 차려야 했다. 아침 식사 후 설거지를 해보니 만만치가 않다. 아내의 고충을 알 것 같다. 어질어진 집안을 대충 치우고 나도 들어 누워 버렸다. 부부가 이렇게 동시에 아파보기는 처음인가?

나는 라면으로 점심을 때웠으나 아내는 음식을 입에 대지도 못하고 계속 누워있다.

둘이가 이렇게 끼니도 거르고 같이 누워만 있다가는 큰 병이 날지도 모른다는 생각에 나는 아내를 깨워 동네 내과병원으로 갔다.

근처병원들은 요즈음 감기로 인해 사람들로 발 디딜 틈이 없는데 이 병원은 항상 조용하다, 이러다 임차료나 제대로 낼지 걱정이 되기도 하고 의사의 실력이 문제가 있는 건지 의구심도 든다.

그렇지만 감기와 배탈인데 보통 수준의 의사면 되리라 생각하고 조용한 곳을 찾은 것이다. 진료를 받아보니 조용한 이유를 알겠다. 의사가 옛날 병원 식으로 불친절 하다. 옛날 명의들은 목에 힘을 주고 별 말도 없었으니까. 시대 변화를 읽지 못하는 걸까?

아내는 배탈 약을 처방받고 나는 약 처방 없이, 둘이 같이 수액을 맞기로 했다. 1시간 40분 정도 걸린단다. 간호사의 정성이 대단하다. 수액을 맞는 동안 온열 팩을 계속 갈아준다. 주사 놓은 곳이 약간 아프다. 아내와 나는 따듯한 침대에서 모처럼 나란히 누워 피로를 풀 수 있었다.

부부밖에 없는 것 같다. 부부는 같이 살면서 다투기도 하지만 서로 돌보아 주는 건 부부뿐인 것 같다, 그러니 아파도 동시에 아픈 것은 피할 수 있으면 좋겠다.

오늘 아침 방안이 차서 창고에 넣어둔 히-터를 꺼내었다. 몸을 제대로 가눌 수 없다보니 이것 하나 옮기기도 힘이 든다, 문득 옛날 아버지가 겨울이 되면 전기스토브를 꺼내어 기름으로 닦으시며 겨울을 준비하던 모습이 떠오른다.

부지불식간에 나는 "애들은 아버지 엄마가 이렇게 아픈지 알기나 하나" 하고 중얼거렸다. 아내가 듣고 있다가 "개들 아플 때 우리가 모르는 것과 마찬가지죠." 그런다.

그렇구나. 아버지 힘드신 것도 잘 몰랐고 .목에 힘을 주던 의사같이 나도 시대 변화를 읽지 못하고 자식들을 기다리고 있었구나. 하지만 젊은 작은 처남 보다는 현실 진단은 내가 명의가 아닐까? 하고 자위해 본다.

이제 시작인데 긴긴 겨울을 어떻게 지내야 하나?

- 2018. 12. 11.

글쓰기 외 1편

이근영

이윽고 수필반에 등록했다. 수필반은 고려대학교 평생교육원에서 일반인을 대상으로 한 오래된 강좌다. 집 사람이 수년간을 수학해서 잘 알고 있었고 나도 꼭 한 번 기회를 갖고 싶던 곳이었다. 매주 문우 분들이 쓴 수필들을 접했다. 발간한 책도 여러 권 받았다. 부러웠고 한편 나도 언젠가는 되겠구나 하며 고무도 되었다. 글을 사랑하는 분들과 함께 하는 시간이 좋고 수업 후에 갖는 뒤풀이 시간도 즐거웠다.

이렇게 두 달이 지났다. 아직껏 한 편도 쓰지 못했다. 사람들에게 읽힐 글을 쓴다는 게 여간 힘들지가 않다. 인터넷을 뒤적이며 글 쓰는 요령을 찾아본다. 스스로를 글쟁이로 불러 달라는 유시민 작가의 원 포인트 레슨이 보인다. 그런데 가르침이 너무 간단하다. 되도록 많이 읽고 많이 쓰란다. 약간 멍해진 기분으로 화면을 훑는데 이번엔 강원국 씨가 등장한다. 대통령 연설문을 썼던 사람이다. 재미있게도 유작가의 레슨을 흉부터 보며 시작한다. 아마도 서로가 잘 아는 사이인 듯하다. "유 선배님은 글재주를 타고난 사람입니다. 우리 같은 보통 사람들에게는 너무 잔인한 가르침이죠."라 한다. 그러면서 진지하게 여서 일곱 가지의 요령을 제시하는데, 눈에 확 들어오는 하나가 있다. '사람들은 그다지 내 글에 흥미를 갖지 않는다.'는 거다. 사람이 마음에 들기까지 한다. 용기를 내어 자판을 내려친다.

글쓰기란 걸 언제 해 보았던가. 초등학교 시절 숙제로 쓴 일기가 처음이었던 것 같다. 당시 교장선생님은 매월 조회 때면 수요예배와 함께 일기쓰기를 강조했다. 일기쓰기는 3학년 때부터였는데 되도록 길게 써야 했고 맞춤법에도 맞아야 했다. 짧거나 많이 틀리면 그날 청소 당번이 되었다. 나중에야 알았지만 맞춤법 교육이었다. 일기 숙제는 6학년이 되면서 중학교 입시준비 때문에 없어졌다. 같은 이유로 고교를 졸업할 때까지는 글을 쓸 생각도 못했고 대학 때는 주로 읽기만 했던 것 같다.

회사를 다니면서는 주로 보고서나 기획안을 썼다. 기본 프레임은 결론부터 쓰고 설명은 나중이다. 오로지 전달과 설득만을 목적으로 한 무척 건조한 글이다. 차분하게 내 글을 써 본 적이 별로 없다. 가끔씩 울적할 때 메모장으로 남긴 신변잡기 정도가 다이다. 바쁘기도 했지만 마음의 여유가 없었다. 하긴 주변 사람들 대부분이 그랬는데, 하나같이 먹이 사슬에 걸려있었던 탓이다. 나도 그런 회사생활을 30년 좀 넘게 했다.

은퇴 적을 생각하면 늘 고은 선생의 「그 꽃」이란 시가 떠오른다. 은퇴직후에 잠깐 다녔던 인근 도서관복도에서 이 시를 만났었는데, 읽는 순간 마치 내 이야기를 하고 있는 것 같았다. 열다섯 자로 된 짧은 시다.

'내려갈 때 보았네 / 올라갈 때 못 본 / 그 꽃.'

그랬다. 앞만 보고 가느라 놓친 게 많았다. '놓쳤다'라기보다는 미뤄 두었다는 게 더 정확할 것 같다. 그 꽃이 무엇이었을까를 생각해 보았다. 물론 대화, 사랑, 배려와 같은 따뜻한 것들이다. 하지만 좀 더 생각해 보니 그 꽃은 맨 먼저가 '나 자신' 이었다는 생각이 들었다. 남들이 가지 않은 길을 가야 진귀한 꽃도 보는 법인데 애당초 나는 그런 길은 갈 생각도 하지 않았었다. 가기 편한 길이었다면 주변의 꽃이라도 살피며 갔어야 했는데 그렇게 하지도 못했다. 나름 갈 길이 바빠 곁눈 돌릴 시간이란 없을 거라고 예단했던 거다. 그렇게 허둥대기만 하던 '나 자신'이었다. 올랐던 길을 다시 가 봐야 할 것 같다는 생각이 들었다. 하지만 당시엔 여의치도 않았다.

은퇴하고 6년여 간 우여곡절도 있었지만 지금은 회사 일을 다시 하고 있다. 예전 회사 다니던 생활 패턴으로 돌아 간 셈이다. 일을 하고 있으니 무료하지는 않으나 이렇게 시간을 보내다가는 또 '꽃구경'을 하긴 힘들 것 같다는 생각이 들었다. 내게 의미 있는 일로 어떤 것이 있을까를 생각해 봤다. 노후엔 혼자 지낼 줄 알아야 한다고 해서 기타도 다시 잡아 봤고 운동이나 여행도 생각해 봤다. 그러나 이런 것들로는 무료함이나 메우는 정도다. 그러던 어느 날 아내의 권유로 시작한 게 지금의 글쓰기 수련이다. 아내는 글쓰기와 바느질공예에 나름의 연륜이 있다. 늦게 시작한 글쓰기만 해도 한참 선배다. 적어도 나보다는 탄탄한 삶을 꾸려가고 있다. 그동안 바삐 살며 흘려보낸 지난 시절을 글로 옮겨 보면 정리도 되고 좋지 않겠냐는 얘기였다.

내 마음이 진정 진심이었던 순간을 더듬어 보았다. 대학 시절 가정교사로 잠시 남의집살이를 하던 때 썼던 일기장이 남아 있다. 펼쳐보니 주인집 어른들을 보며 쓴 내 부모 이야기가 많다. 집을 떠나야

비로소 보이는 내 부모님 모습이다. 내가 지도하던 남매들의 이야기도 들어 있다. 중학생인 남동생만 챙긴다고 곧잘 삐치던 누나아이 이야기도 보인다. 절실했던 기억도 난다. 아내와 처음 만났던 날의 느낌은 지금도 삼삼하다. 그녀의 마음을 얻고 온 세상을 다 가진 것 같았던 기분 또한 또렷하다. 갓난아이들을 업고 안고 탔던 만원 귀성열차 안에서 우리를 기다릴 아버지 생각에 마음 뿌듯해했던 기억과, 일본 살 때 단란했던 우리 가족의 추억은 지금 생각해도 행복하다. 그리고 아버지의 지난 나이를 따라 먹으며 점점 생각나는 아버지에 대한 회한도 크다. 은퇴하고 남들처럼 겪어 본 백수 시절도 있었고 잠깐이지만 장사란 걸 하며 겪은 남다른 경험도 있다. 가끔씩은 옛 상사와 옛 부하들을 번갈아 만나며 모두가 세월에 익어 가고 있는 모습들도 보고 있다.

내 마음이 머물렀던 소중한 기억들이다. 그때 그 기분으로 돌아 갈 수 있는 것부터 하나씩 글로 옮겨 가야겠다. 잃어버린 '나'를 조금씩 복원해 가는 긴 여정이기도 하다. 의미 있는 여행일 것 같다. 이번엔 되도록 천천히 '꽃구경'도 하며 가야겠다. 생각만으로도 가슴이 벅차다.

글쓰기를 한답시고 지난날을 다 훑었다. 나를 되돌아보게 한 건 고은 선생의 짧은 시였지만 글쓰기란 돌파구를 찾아 준 건 내 아내다. 그래서 수필 반에 등록을 한 건 정말 잘 한 일이었다. 글이 아직 서툰 건, 유시민 작가의 '잔인한 레슨'을 믿어 보기로 한다. 앞으로 수필 반에서 많이 쓰고 많이 읽을 테니까 말이다. 그러고 보니 그 날 아내는 이런 말도 했었다. 쓴 글들은 잘 모아 두었다가 나중에 부부문집 하나 내는 것도 좋지 않겠냐고.

- 2018. 5. 2.

마지막 선비의 마지막

이 근 영

요즘 TV를 보면 하루가 멀다 하고 정치인들의 부정과 기업주들의 갑질을 고발하는 뉴스가 나온다. 부정은 했다면 본인이 이미 알고 저지른 행위라 긴 말이 필요 없다. 다만 갑질은 본인들이 인지를 못하고 있는 것도 같아 부언해 보면 짱돌은 본디 약한 자가 드는 법인데 힘을 가진 '갑'이 들은 거니까 뒤바뀌어도 한참 뒤바뀐 형국이다. 당사자들은 대체로 자기 행위를 부인하거나 변명을 한다. 간혹 사과를 하는 경우에도 몹시 건조하기 짝이 없다. 물론 보도내용과는 다른 사실도 있고 억울한 부분도 있을 것이다. 그렇다고 우기기만 한다거나 모르쇠로 일관하는 건 자신의 양심문제조차도 실정법으로 가리겠다는 태도다. 안타까운 일이다. 옛 선비들은 오얏나무 아래서는 갓끈도 고쳐 매지 않았다고 했다. 옳든 그르든 좋지 않은 구설수에 오르내리는 것 자체를 부끄러워 했고 이를 자신의 부덕의 소치로 여겼다. 이게 우리가 일찍이 배운 <도덕>이다. 품격이 사라진 세상이다.

인터넷에서 <1974년 입시부정>이란 말을 치면 오래된 지방지 신문기사가 나온다. 대구지역 고교입학 시험 부정 사건인데, 당시로선 전대미문의 사건이라 대서특필되었었다. 시험을 치르고 나온 학생들이 하나같이 얘기를 한다. 이상하다, 정답이 되는 번호는 똑바르고 나머지 세 번호는 옆으로 누웠다는 거였다. 조사를 해 보니 필경사와 몇몇 학부모 그리고 소사와 교련 교사 한사람이 결탁하여 저지른, 좀 촌스럽기까지 한 수법이었다. 이 사건은, 대구 지역은 재시험을 치르고 관련자들은 처벌을 받는 것으로 결론이 난다. 그리고 소사와 교사가 근무했던 학교 교장은 연대 책임을 지고 시골 학교로 전보되었다. 며칠 지나지 않아서였다. 아마도 국사 수업시간이었던 것 같은데, 선생님께서 교육감이 자기 집 문지방에 목을 매고 죽음으로써 속죄를 했다는 애기를 해 주셨다. "가문과 교직 30년의 명예에 씻을 수 없는 오점을 남겼다. 죽음으로 세상의 용서를 빈다."는 요지의 유서만 남겼다고 했다. 선생님은 그분(김주만 교육감)을 이 시대 마지막 선비라고 했다. 다시는 이런 분이 나오지 않을 거라며 '이 시대 마지막'이란 말을 수업 내내 몇 번이고 되풀이 했었다.

고려 말에 생겨난 신진 사대부들이 가장 으뜸으로 삼았던 가치는 의로움이었다. 그 가치를 앞세워 왕권까지도 나누어 가진 나라가 조선이었고 이는 당시 세계 어디에도 없던 통치체제였다. 사대부들의 맑은 정신이 지배했던 세종 시대는 실로 조선의 르네상스였다. 이렇듯 오로지 의로움 하나로 리더십을 발휘하고 자신의 자존심을 지켰던 당시 지식인들을 선비라 불렀다. 선비 정신은 세조가 등극하면서 처음으로 크게 흔들린다. 소위 정난공신들이 자신들의 이로움을 앞세워 선비들의 초심을 어지럽힌 거였다. 그들을 훈구파라 불렀는데 역사서에서 부패세력의 대명사가 된다. 한 번 짓밟힌 의로움은 한두 번 반전의 기회가 없진 않았으나 임란과 당파싸움을 거치며 대체로 이로움의 그늘에 갇힌다.

인류역사가 의로움과 이로움의 갈등의 역사이긴 하다. 긴 중국역사서 전체를 관통하는 하나도, 충신은 고달프고 간신은 대대로 부귀를 누린다는 내용이라 한다. 서늘한 진실이다. 이렇듯 예로부터 시대의 엘리트들이 권력자와 맞서는 일은 늘 위험했다. 하지만 옛 선비들은 지금 산업사회의 지식인들보다는 바른 말하기에 좀 나은 환경이었던 것 같다. 벼슬을 하다가도 임금과 뜻이 맞지 않으면 물러나면 그만이었다. 낙향을 해도 그들은 선비요 지주로서 그 지역 맹주였다. 조정에 대한 영향력도 그대로였다. 우암 송시열이 평생에 벼슬했던 건 불과 3년에 지나지 않지만, 조선실록에 그 이름이 가장 많이 등장할 정도로 영향력이 컸다. 옛 선비들이 비교적 당당할 수 있었던 건 신념이 투철했던 것도 있겠지만 잘 못되더라도 신분과 기득권은 그런대로 유지되던, 당시가 농경사회였다는 측면도 있다.

지금의 산업사회는 다르다. 자리를 잃으면 한 번에 많은 걸 잃는다. 딱히 돌아갈 곳도 없다. 그러니 지금 지식인들이 그만큼 참과 거짓의 경계에서 더 번민한다고 할 수 있겠다. 실제로 현대 지식인들은 권력자에게 바른 말을 잘 하지 않는다. 가끔씩 쓴말을 하는 용기 있는 의인이 있기는 하지만, 대체로 통하지도 않고 결국엔 어리석음으로 회자되는 게 현실이다. 그들의 의로움은 조직 이익을 위해 부정한 일을 꾸며 내지 않는 정도가 한계다. 이렇게까지 시대의 패러다임은 변해왔다. 국사선생님은 한국의 70년대가 농경사회를 마감하고 산업사회로 접어드는 시대의 절목임을 꿰뚫어 보고 있었다. 신세계를 만든 청교도 정신은 아직 태평양 저 쪽에 머물러 있는데 이 땅의 선비정신은 사라진, 그 빈 공간으로 서구 물질주의가 밀고 들어올 것도 알고 있었다. 그래서 국사 선생님은 교육감을 '마지막 선비'라며 그리도 애절해했던 것이었다.

<호모데우스>라는 책을 보면 인류의 미래를 엿 볼 수가 있다. 사피엔스라는 종명을 가진 인류는 침팬지와 유전자가 95% 이상이 같

다고 한다. 함께 달을 손가락질하며 놀던 사피엔스는 달을 쳐다보았지만 침팬지는 제 손가락 끝을 보았다는 건데, 이 차이로 인류가 지구를 정복하는 종으로 진화해 갔다고 한다. 고대엔 온갖 자연현상을 신으로도 섬겼고 중세에선 위대한 한 신에 예속되며 인류는 비교적 경건하고 겸허한 삶을 살았다. 그러던 인류는 르네상스를 거치고 과학의 발달로 신을 벗어나더니, 급기야는 자신의 이성과 양심을 신앙으로 한 몇 가지 세상을 만든다. 탐욕이란 인간의 본성을 도외시했던 공산주의는 패퇴했고, 자본주의는 자신의 지나친 탐욕을 견제해줄 종교마저 일정부분 삼키며 점점 자만과 교만에 빠져들고 있다. 이대로라면 먼 미래엔 인공장기의 도움으로 수 백 년을 살아내는 '초 인류'가 만들어지고, 세상은 그들이 만든 인공지능 로봇으로 가득 찰지 모른다고 이 책은 '자본주의'의 위험을 경고한다.

쉼 없는 문명의 진보와 과학의 발달이 과연 인류 행복에 진정 도움이 되기만 하는 걸까? 내 어릴 적만 해도 도둑은 있었지만 강도는 없었다. 도둑도 밤에만 다녔다. 그래서 집 대문도 낮 동안은 종일 열려 있었다. 대문 안으로는 동냥 온 거지도 함부로 들어오지 않았고, 같은 날 두 번 오지도 않았다. 전후 가난하고 어수룩하던 시절이었지만 서로가 보듬던 시절, 도둑도 거지도 제 분수와 염치를 지키던 세상이었다. 그 시절이 그립다. 하지만 슬프게도 문명은 결코 지금보다 못한 시절로 되돌아가지 않는다는 건 내가 살아 온 경험만으로도 알 수 있다. 인류는 지금 바벨탑의 어디쯤을 쌓고 있는 걸까? 마지막 선비가 스러져 간 뒤안길로 한 걸음씩 다가오는 알파고의 거친 숨소리가 들려오는 듯하다.

- 2018. 6. 9.

피아노 외 1편

박 소 현

하늘은 적당히 회색빛이었고 흐렸거나 약간의 비가 흩뿌려지고 있었다.

대지가 적당량 촉촉이 젖어있음을 알았을 때 내 마음은 유체이탈을 경험하듯 며칠을 방황하고 올 만큼의 짐 보따리를 싸서 먼 여행을 떠난다.

약간의 쌀쌀한 기운과 약간의 비 내림은 이미 어제 산책길에서 냄새로 감지했고(인디언의 후예가 아닌가 싶을 정도로 비가 옴을 냄새로 감지한다.), 뭐든 약간의 흐림과 땅의 젖음은 인간을 옴짝 달싹 못하게 만드는 기운을 품고 있는 듯하다. 안 그래도 맑고 흐림 또는 비 내림 눈 내림을 타는 난 오늘도 일정량 빗나갔던 우리의 일기예보에 부응해 열심히 또 열심히 날씨를 타고 있다. 버스 비행기 자동차 지하철 배……. 심지어 작두까지 탈 것은 지천인데 왜 날씨를 타고 있는 건지는 잘 모르겠으나…….

이렇게 우산을 쓰기도 그렇고 안 쓰기도 뭐했던 비가 부스스 내리던 어느 날이었던 것 같다.

우연히 베란다 밖을 내려다보다 어느 집에선가 피아노가 실려 오는 것을 보고 문득 몇 년 전 일이 생각났다. 꽤 오래전 일이라 가물 가물 할 것임에도 아직까지 가슴 한편 응어리로 남아있는 걸 보면 그 마음에도 절대 쉽지 않은 상처였나 보다.

그 옛날 초등학교 들어가기 전부터 내 뜻에 의함이 아닌 살아생전 엄마의 목표 하에 철저하게 계획된 그래서 운명이 망설여졌었던 그 시절 조금은 우울한 시간들을 보내고 있었다. 엄마는 그 당시 어깨에 힘이 들어갈 정도의 명문대 음대 출신이었고 내 스스로 이것저것 생각도 하기 전에 반드시 피아니스트가 되어야 한다는 엄마의 간절한 바람에 나는 눈물 바람을 하고 있었다. 엄마의 간절한 바람과 나의 눈물바람은 톱니바퀴처럼 서로 맞물려 어느 누구도 물러서지 않았고 내 의사와는 상관없이 피아노 앞에 붙들려 답답한 세월들을 보내고 있었다. 도레미를 치기 싫어서 내빼기도 여러 번, 실컷 놀다가 들어오는 그 다음날엔 영락없이 붙들려 건반위에서의 사투에 더 많은 시간을 할애해야 했다.

굼벵이도 구르는 재주가 있듯이 그래도 살펴보면 분명 내 어딘가에도 재능이 있었을 터인데 그 당시의 “나”를 표현하는 단어는 좌절 말고는 달리 생각나는 단어가 없었다.

글씨를 배우기 이전부터 콩나물 대가리를 익혔고 젓가락질 제대로 배울 틈도 없이 열손가락 꼬물거리면서 건반을 두들겼고 온통 내 머릿속은 베토벤 쇼팽 슈베르트 슈만 리스트 바흐 모차르트로 하루해를 보냈다.

아마하 메트로놈의 째깍거림이 시계초침소리보다 더 무겁게 들리면서부터 내 반항은 본격화되기 시작했다. 자라나는 내 키만큼의 속도로 피아노가 너무 싫었다. 그다지 소질도 없어 보였고 허구한 날 피아노앞에 앉아서 악보를 외워야함이 그 시절 내가 끔찍하게 싫어

했던 팥빵을 먹는 거보다 더 고역이었다.

난 책을 보고 싶었고 글을 쓰는 작가가 되고 싶었지만 인생이 내 뜻대로 되지 않는 나이였기에 엄마한테 질 질 끌려가는 한심한 아이의 모습을 그려내며 내게 공을 들이는 만큼 나는 더 뺀질거리며 하루하루를 보냈다.

그러던 중 보기 좋게 예고에 낙방을 하고서야 비로소 피아노에서 해방 될 수 있었다.

그 해방은 내게 또 다른 자유를 허락했다.

비록 피아니스트는 되지 못했지만 그 덕에 3년 가까이 관인학원에서 피아노 선생님으로 아이들을 가르칠 수 있었으며 콩알만한 아이들이 저마다 피아노치기에 게으름을 피울 때면 어김없이 드는 생각이 옛날의 내 모습이어서 씁쓸해지기도 미소 짓기도 하는 진부한 양면성으로 그 모습을 보고 있는 날 한껏 조롱했다. 그렇게 싫어서 도망만 가다가 어느 날 보니 그 기술로 돈벌이를 하고 있었으니 참 인생사 새옹지마라고 사람 사는 일 정말 모를 일 맞는 것 같다.

서론이 너무 길었다.

그렇게 피아노와 난 떼어내려 해도 뗄 수 없는 애증관계로 옛날 생각에 지겨워하다가도 꿀꿀한 날 기분전환을 시켜주는 애첩같은 존재였다.

결혼 후에도 피아노는 잊은 듯 안 잊은 듯 늘 상 곁에 머무르며 내 기분을 헤아려 주었다. 그러다 긴 세월동안 여러 가지 안 좋은 일을 겪다보니 이사를 가게 되고 내가 제일 먼저 한 일은 피아노를 처분한 것 이었다. 왜 제일 먼저 피아노를 처분 했는지는 지금도 의문이지만 어리석게도 그 당시 고달팠던 내 마음을 가장 사랑했던 물건을 처분함으로써 인생의 치기어린 오기를 부리고자 했던 거 같다.

팔려나가는 피아노를 보면서 베란다 밖 저 너머까지 쳐다보고 또 쳐다보고를 반복하며 내 눈앞에서 사라져가는 그림자를 마지막으로 다신 만날 수 없다는 생각에 닭똥 같은 눈물을 뚝 뚝 흘렸다.

다시는 피아노를 치지 않을 거란 다짐을 했었고 책장엔 손때 묻은 악보만이 덩그마니 남아 그 당시의 치열함을 말해주고 있지만 가끔 악보를 보면서 싫지 않은 나 혼자만의 비밀 여행을 떠난다. 추억을 가늠해보는 쏠쏠한 재미도 있지만 그 여행엔 생전의 엄마도 함께하는 여행이라 참 씁쓸하기도 쓸쓸 하기도하다. 엄마가 내게 남겨준 가장 큰 선물인 듯싶어 울컥하지만 그래도 돌이켜보면 냉정과 열정사이의 갈등이었기에 그때가 행복한 거였었다고 그 누군가에겐 말할 수 있을 것 같다.

그리고……. 세월이 흘러 몇 년 전부터 다시 갖게 된 피아노에 거금을 들여 조율을 했다. 다시 피아노 앞에 앉았다. 엉덩이가 들썩거려 진다

반갑다, 친구야 20년만이구나.

– 2018. 10. 20.

베니스의 악몽

박 소 현

길을 잃었다.

온통 어둠만 있을 뿐 여기가 어딘지 어디서부터 어떻게 시작해야만 되는지도 모른 채 사방천지 깜깜함 속에 갇혀 우리 모녀는 주저앉아 울기 일보 직전이었다.

한국도 아니고 서울도 아니고 먼 이탈리아에서 그것도 온통 물만 넘실대는 물의 도시 베니스에서 길을 잃고 2시간째 헤매는 중이다.

누군가는 그러겠지……. 한국도 아니고 왜 그 먼데까지 가서 길을 잃었냐고..

이성을 갖고 잘 생각해보자, 어디서부터 잘못 된 건지…….

아무리 감정을 누르고 내 머릿속 어딘가에는 있을 이성을 찾아 불러내보지만 적지 않은 당황만이 엄습 할 뿐 뜻대로 되지 않았다. 총체적 난국이 따로 없는데 내 감정과 이성은 줄다리기에 급급할 뿐 애석하게도 내 알량한 생각을 정리 할 여유조차 주지 않았다.

어둠이 일찍 내려앉은 베니스는 초저녁 언저리부터 어두컴컴해져 왔다.

인적도 드문데다 온 동네가 물이 넘실대니 그 많은 양의 물만큼 공포감이 밀려왔다.

초행의 길잡이가 잘 되어 주리라 굳게 믿었던 구글 맵까지도 우리를 처연히 배신할 게 될 줄은 꿈에도 몰랐었다. 가라고해서 가면 다시 제자리 오라고해서 오면 다시 가란다. 믿을게 따로 있지 이것마저도 도움이 되질 않는 다는 생각에 잡다했던 마음의 기우는 현실로 다가오기 시작했다. 초조함과 불안감은 왜 꼭 이럴 때 한꺼번에 나를 덮치려 하는 건지…….

이대로 노숙을 감행해? 여기서? 베니스에서? 한국도 아닌데?

문득 한국 내 집 내 침대 내 이부자리가 그리워져 눈가에 눈물이 맺혔다.

지나가는 사람들에게 물어 보고 또 물어봐도 우리가 예약한 호텔을 아는 사람은 아무도 없었다.

어떻게 그 많은 사람들이 게다가 현지인이 그 근방 어딘가에 있을 호텔을 모를 수 있는 건지 정말 궁금해서 미칠 지경이 되었을 때 난 허무맹랑하게도 한국에서 우리가 예약한 호텔이 유령 호텔이 아닌가 의심하기 시작했다.

그것도 아니면 누군가 호텔을 꼬깃꼬깃 접어 호주머니 속에 넣어 버린 것도 아닌데 이렇게 눈에 안 보일 수가 없었다.

무거운 캐리어를 끌며 집 나온 부랑자처럼 다리를 건너길 수차례, 베니스는 물이 가운데 흐르고 양 옆에 건물이 있는 구조라 계단을 오르내리면서 다리를 건너야만 길을 건널 수 있다.

그 많은 다리를 셀 수 없이 오르내리기를 반복하면서 나는 무슨 생각을 했는지, 우리 딸은 무슨 생각을 했는지 그 당시엔 그 많은 계단을 어떻게 오르내렸는지 지나고 보니 정말 어이가 없었다. 시간이 지체되면 될수록 우리는 점점 불리해져가고 있음을 본능적으로 알 수 있었다. 그런 가운데 드디어 우리 딸이 길에 털퍼덕 주저앉아 눈물을 훔치기 시작했다.

나도 눈물이 나는 걸 딸 눈치 보느라 여태 참고 있었는데 서서히 무너지는 딸을 보자 온몸에 힘이 빠져 나가면서 이제 남은 건 별로 굳건하지 못한 내 정신력에 의지해야 한단 생각이 들어 온몸에 한기가 돌았다.

사실 난 너무 무서웠다.

컴컴한 골목에서 툭 튀어나오는 외국인도 무서웠고(그들 입장에선 우리가 외국인이었겠지만), 까맣게 넘실대는 물길 속에서 커다란 그 무언가의 알 수 없는 괴생물체가 솟아오를 것 같은 망상에 많이 무서웠다.

그 공포감에 그 많은 계단을 코끼리 같은 무게의 캐리어를 끌고 오르락내리락 했는데도 지치기보다는 어서 빨리 이곳을 벗어나야한다는 간절함이 더 앞섰다.

이 나라의 이방인이 되어 헤매는 꼴도 견디기 힘들었고 왠지 모를 나의 무능함도 싫어지는 순간이었다.

그리고 생각했다, 어디서부터 잘못된 걸까?

피렌체에서 좀 더 서둘러 올 것을 그랬나? 그랬으면 밝은 대낮에 왔을 것이고 이렇게 헤매지 않아도 됐을지 모르는데 내가 명품 아울렛에 정신이 팔려 시간을 끌었던 게 잘못 된 걸까? 아니면 베니스 역에서 내려야 하는 기차를 몇 정거장전에서 내려 헤매느라 보낸 시간들 때문일까?

아니면 내가 여태 살면서 누군가의 마음을 아프게 했나?

내가 알지 못하는 누군가에게 무슨 잘못을 하고 살았나?

이젠 하다하다 내 삶을 반추하는 지경까지 되어버린 내가 너무 힘겨워보였다.

무엇 때문에 우리의 일정이 꼬여서 이렇게 됐는지 이유를 들자면 몇까지 있는데 괜스레 나 때문인 것 같아 숨소리도 크게 못 내고 있던 터였다.

이런 저런 생각에 지쳐 황망하기 그지없는 생각을 하고 있는 난 끝이 보이지 않는 미로 속을 헤매는 듯 머릿속이 하얘졌다. 더 시간이 흘러 정말 노숙을 하기 전에 어떤 실마리라도 찾아야만 했다.

'맞아, 난 엄마지.' 순간 정신이 번쩍 들었다.

안절부절 못하고 눈물을 찔끔거리는 딸에게 아무 호텔에나 들어가 우리가 가야 할 호텔을 물어 보자고 했다.

같은 경쟁업체이니 아무리 소규모여도 사람들이 잘 알지 못하는 신축호텔이어도 그들은 알고 있거나 알아 낼 것 만 같았다.

딸을 달래 호텔에 들여보내고 난 정말 오랜만에 기도를 했다.

부처님도 좋고, 성모마리아도 좋고, 엄마도 좋고 아무나 우릴 좀 도와 달라고 내 간절함을 전했다. 내 절실함이 어느 누구에게라도 닿았으면 좋겠다고 생각하고 있는데 기도 덕이었는지 내 생각이 맞아 떨어졌는지 정확한 위치를 알아내는데 성공했다.

몇 시간을 헤맸는지 가늠조차 안 되는 고생 끝에 찾아 간 호텔은 어이없게도 지척에 있었다.

깜깜한 밤이어서 잘 안보이기도 했지만 생전 처음 와 보는 타지에서 말도 잘 안 통하는 사람들 속에서 말 안 듣는 지도를 보며 길을 찾기란 한강에서 김 서방 찾기와 다를 바가 없었다.

우린 고장 난 나침반처럼 그 주위를 뱅글뱅글 돌고 있었던 것이다.

우리가 묵을 호텔 문을 열고 들어가는 내 다리와 팔은 이미 내 몸이 아닌 양 말을 듣질 않고 낮에 사두었던 피노키오 인형처럼 사지가 제멋대로 흐느적거렸다.

방 호수를 배정 받고 마스터 카드로 문을 열고 방의 온기를 훅 맡는 순간 옅은 현기증이 일며 발의 무게는 무거운 추를 매단 것처럼 천근만근이었다.

긴장이 풀어지면서 여기저기 쑤시고 아프기 시작함과 동시에 얼핏 본 거울 속의 나의 모습은 정말 가관이었다.

10년은 더 늙어버린 어떤 여자가 얼빠진 모습으로 날 쳐다보고 있었다.

그 무거운 캐리어를 이고 지고 끌고 계단을 수십 개나 오르내렸으니……. 캐리어를 물에 던지지 않은 걸 다행이라 말하며 나와 우리 딸은 서로 어이없음에 웃었다.

그날 밤 우리 모녀는 파스 냄새 진동 하는 방에서 훗날 생각해보면 이것 역시 좋은 추억이 되지 않겠냐면서 애써 자위하는 모습 역력하게 서로를 위로하며 잠이 들었다.

내일은 또 어떤 좌충우돌로 내 삶을 돌아보게 될 것인가…….

기대 반 걱정 반으로 저무는 하루였다.

- 2018. 11. 24.

아버지의 마음 외 1편

박 찬 숙

남자 이야기 중 여자 분들이 싫어하는 게 두 가지가 있단다. 남자들의 군대이야기와 축구 이야기이다. 그래서 여자 분들이 가장 싫어하는 건. 남자들이 군대 가서 축구한 이야기란 우스갯소리도 있다. 군대이야기, 여자 분들이야 싫어한다지만 남자들에겐 일종의 옛날의 추억을 불러내는 아이콘이기도 하다.

1970년대 초, 월남전이 한창 진행 중일 때의 일이다. 처음 신병훈련소에서 교육 마치고, 2차 교육은 00에 있는 공병학교에서 특기병 교육을 받게 되었고 나는 그곳에 자충되어 학과본부에서 행정 및 조교요원으로 근무했다. 공병학교는 우리나라 각 부대에서 필요한 공병(야전건설 및 중장비, 폭파 등)요원을 양성하는 곳이라 전국에서 다양한 경험을 가진 훈련병들이 모여 들었다. 그 중에는 손금을 잘 본다는 훈련병도 들어왔다.

1972년 8월말 휴식시간에 그 훈련병이 교육받는 곳에 가보니 조교들이 옹기종기 모여 손금 잘 본다는 훈련병을 불러내 손금을 보며 희희낙락 하다가 나더러도 손금을 한번 보란다. 난 하나님 믿는 사람이라 싫다고 거절했더니 재미로 보라고 자꾸 권한다. 난 말(마음)은 싫다고 하면서도 손(몸)은 벌써 손금 보는 훈련병의 손위에 내손이 올라가 있으니 하나님을 믿는다면서 몸 따로 마음 따로 노는 참으로 한심한 신자였던 거 같다. 내손을 유심히 보던 그 훈련병은 '아, 손금이 좋네요. 해외에 갈 운이네요'한다

'해외에?' 그 당시 외국에 가기가 참 어려운 시절이라 난 호기심이 발동해 가까이 다가서며 재차 물었다. '언제가, 군대 제대 후?' 물으니 '아니, 가까운 시점에도 갈 수 있어요.'라 한다. '가까운 시점, 어디로' 하니, '에이 그야 뻔하죠, 군대 내에서 어디겠어요. 월남이죠.'한다.

난 뒤통수를 한대 맞은 기분이었다. 그 당시 100여 가구 되는 시골 우리 동네에서 두 명이 청룡부대로 월남에 갔다가 한 명은 살아 돌아왔지만 전쟁 트라우마로 시달리고 있었고 한 명은 죽어서 싸늘한 주검으로 돌아왔기에 월남전에 대해 그리 좋지 않게 생각나던 때였다. 전쟁은 초기와 말기에 가장 치열해 사상자가 많아 가장 위험하다는데, 지금이 말기라니 더 불안감이 기중되기도 했다

그런데 정확히 1개월 뒤 9월말에 난 월남 파병 명령을 받게 되었다. 썩 내키지 않았지만 어쩌겠는가? 국가의 명령인데, 중대에서는 내가 월남 가는 걸 별로 달갑지 않게 생각 한다는 걸 알고 월남 가면 돈도 많이 벌고 부대 배치 잘 받으면 괜찮다고 설득하며 3일간의 휴가를 주고 집에 들려 인사나 하고 갔다 오란다.

3일간의 휴가는 쏜살같이 지나가고 춘천 00리 월남 파병훈련소로 떠나는 날이었다. 아버지는 그날도 논에서 일하고 계셨다. 월남 갔다 온다고 인사 드렸더니 논두렁으로 나와 잠깐 담배피우며 알 듯 모를 듯 긴 한숨을 쉬더니 '잘 갔다 오라'는 말 외에 별 말씀이 없으시다. 그래서 잘 갔다 오겠다고 인사드리고 더불백을 메고 300 여 미터 거리의 버스 타는 정류소로 출발했다. 100여 미터 오다가 뒤돌아보니

아버지께서는 벌써 괭이로 밭을 갈고 있었다. 난 가슴이 먹먹했다 ' 자식이 살지, 죽을지도 모르는 전쟁터로 가는데 어찌 저리 태연 할 수 있을까?' 300여 미터. 거리의 버스 정류장까지도 동행하지 못할 만큼 바쁜 일일까? 좀 섭섭하기도 했다.

그 뒤 72년 11월초. 훈련받는 중이었는데 당시 미국이 대통령선거와 맞물리고 미국도 월남전이 월맹에 밀리고 있어 반전 분위기가 강했던 시절이다. 당시 미국 닉슨 대통령의 월맹폭격중지 및 휴전 모드로 파병훈련을 받던 우리도 12월말에는 훈련중지 및 원대복귀명령이 떨어져 부산의 모 부대로 재배치되었다

얼마 전 추석이라 고향에 갔다 왔다 동네 초입에 아버지께서 농사 지으셨던 논을 지나고 추석날엔 아버지 산소에 성묘도 갔다 왔다. 옛날 생각도 나고 월남 간다고 인사드릴 때의 모습도 떠올려진다. 그때 아버지 마음은 어떠했을까? 사뭇 궁금했었다.

추석 전날 저녁때 1년 반전 독일 회사로 취업해 근무하고 있는 둘째아들 녀석이 추석인사와 더불어 동영상 하나를 보내왔다. 금년 9월초 독일초등학교에 입학한 첫 손주의 피아노 치는 동영상을 보내온 것이다. 서툴고 미숙하지만 독일에 가 잘 적응하고 있음에 대견하고 흐뭇했다.

그저 멀리 있어도, 동영상만 바라만 보아도 가슴이 훈훈하고 따뜻함, 그것이 바로 아버지의 마음임을 이제야 알겠다. 월남으로 떠나며 아버지와 헤어질 때 나의 마음은 먹먹했지만, 자식을 전쟁터로 떠나보내는 아버지의 가슴은 타고 들어가고 있었음을 이제야 알겠다.

"아버지 그 당시 섭섭해 했던 점, 미안해요. 용서해주세요" 엄숙했지만 그래도 꿋꿋하라고 가르친 아버님이 그립다. - 2018. 10. 11.

한 백번은 웃었을까?

박 찬 숙

어젠 고교 동창친구 몇이서 탁구 번개팅이 있었다. 날씨가 을씨년스럽고 비가 오며 꾸물꾸물한 날이다. 밖으로 나 돌아다니기 참 싫은 날이다. 부천에서 모 교수님하고 점심식사하고 모이는 시간 맞추어 집으로 돌아오는데 여기저기서 전화가 오고 이런 날인데 꼭 가야 하겠느냐고 난리다

그래도 친구들이 약속시간 오후 4시가 되니 하나둘 모이기 시작한다. 강남에서 수원까지 거리도 멀고 날씨도 궂어 나오기 참 싫었는데 그 구수한 감자탕이 그리워 꾸역꾸역 왔다고 한다.

탁구! 누군가는 고교 때 이후 첨이라 하고, 누군가는 군대 시절이후 첨이라고도 한다. 한참 몸을 풀고 나니 옛 가락이 나온다, 한 시간 쯤 지나서 누군가 몸도 풀리었으니 옛 생각을 해서 복식을 하잔다. 그런데 그동안 라켓도 펜홀더에서 쉐이크핸드 타입으로 바뀌었고, 게임룰도 21포인트 one게임에서 11포인트 3게임으로 바뀌었고 서브도 5포인트 연속에서 2포인트 후, 바뀌어 체인지게임을 진행하는데 실수투성이다. 바뀌지 않은 건 엉성하지만 기교가 있는 옛날 탁구 폼들인 것 같다…….

서브가 미스나면 당사자는 기가 막혀 웃고 상대방은 그 실수에 웃는다. 리턴도 못 받으면 실수에 웃고 잘 받으면 그 묘기에 웃는다. 공중높이 띄운 볼을 라켓으로 힘차게 스매싱으로 때리면 여지없이 빗나간다. 그러면 허탈감과 상대의 실수에 박장대소하고 스매싱이 내리꽂히면 상대가 받지 못해 또 웃는다. 그 사이 온갖 농담거리가 쏟아집니다.

무슨 말을 해도 좋은 사이, 사심 없고 흉허물 없고 상대를 놀려도, 놀림을 받아도 허허하고 웃고 까르르하며 한 백번은 웃었나 봅니다.

저녁식사는 감자탕이다. 살집이 붙어있는 돼지 뼈에 깻잎과 콩나물이 들어있고 거기에 감자 몇 개 들어 있다. 구수한 들깨를 듬뿍 집어넣고 불을 지핀다. 감자탕이 익어가고 우정도 익어갑니다. 한 친구가 3년 전 퇴직을 했는데 임원이라고 퇴직금을 안주어 소송을 해서 1심에서는 1억2천인데 2심에서 5천 2백으로 떨어졌다고 투덜대기도 한다. 본인은 그냥 3심을 포기했는데 상대방이 마감 두시간전에 대법원에 상고하고 한번 만나자고 오늘 전화 왔단다. 아마 조정하자는 얘기인 것 같단다.

구수한 감자탕이 그런저런 이야기 속에 농창 익어가고 있고 세상사는 이야기 속에 을씨년스런 날씨도 묻혀버린다. 옛 이야기 속에 가시 돋친 농담도 녹아버린다.

다음 달 연말 부부동반 모임에 "너 첫 애인 있는 거, 너네 와이프한테 이른다." 누군가가 말한다. 당사자 친구가 대꾸한다. "너는?" "하하하." 유쾌한 하루였다.

밖으로 나오니 빗살이 눈발로 변한다. '첫눈이 오려나??

그래서 첫 여인하고의 짝사랑이야기도 하나의 웃음으로 승화되나 보다. 허허, 하하하하~~

- 2018. 11. 26.

자각에 자각을 더하며 외 1편

이 영 도

나는 도보 여행 중이다. 10월 13일 양양에서 출발하여 한계령을 넘고 인제군을 지나 10월 17일 홍천 읍내를 지난다. 발바닥은 물집투성이가 되고 발은 부어올라 절뚝거리고 배낭을 멘 어깨 통증은 전신을 누른다. 이 훈장만큼 걸어냈다. 풍요의 계절, 가을 산은 단풍으로 물들고 들은 추수를 마쳐가며 열매는 익어간다. 도로변은 코스모스가 이어져 심어있어 함께 걷는 듯 하늘거린다. 한계령의 굽이굽이 길과 소양강가의 긴 걸음은 아름다움보다 나의 인내를 시험하니 기암괴석의 절경이나 낭만이 아닌 내 몸 상태에 따라 스스로 달래 듯 최종 목적지 인천까지 걸어야 한다.

20년도 훨씬 지난 일인데 홍천을 지나니 기억이 새롭다. 11월 초순 얼시런 추위가 시작되고 나무는 옷을 벗었다. 나는 '어깨동무' 라는 청소년 단체 대표로 걸어서 천리 국토순례 대장정을 주최하고 있었다. 겨울 방학에 해 뜨는 동해에서 해 지는 서쪽 끝까지 걸어내는 행진로의 현지답사를 했다. 하루 걷는 거리, 묵을 학교, 점심 먹을 자리, 살필 일이 많다. 한계령을 넘어 양양까지 갔다가 되돌아오는 길에 홍천에 이르러 어두워졌다. 종일 운전과 긴장감에 피로와 시장기가 함께 몰려와 먹을 곳을 찾으니 가을이 지난 터라 길거리 식당들이 문을 일찍 닫았다. 시장 통 안에서 불 켜진 초라한 식당을 찾아냈다. 부부가 하는 듯한 작은 밥집은 찌개거리를 팔고 있었다. 생선조림을 시키고 주변을 살피니 계산대 위에 군대 간 아들과 주인 내외가 같이 찍은 사진이 있고 의자 테이블 2개와 신발 벗고 올라앉아 먹을 수 있는 마루 위 식탁 4개가 전부였다. 손님이라야 나 하나, 오늘 장사 파장 분위기였다.

아내인 듯한 부인이 주방에서 음식 준비를 하고 남편인 듯한 이가 홀에 있었는데 잠시 후 오십대 후반쯤 보이는 이가 식당 안에 들어섰다. 그는 이 남자 주인에게 자기 사정을 설명했다. 이곳 시장에서 빈 박스와 고철을 모아 생활하는데 허리를 다쳐 며칠 일을 못했노라고, 그래서 먹을 것을 좀 주면 좋겠다, 장사집이니 비닐 같은데 담아주면 가져가겠노라는 것이었다. 그의 말을 처음서부터 듣게 되어 묘한 동정이 생겨났다. 또박또박 조리 있고 그리 구차하지도 않게 이어간 도움 요청을 주인은 매몰차게 거절했다. 순간 군대 간 아들과 함께 찍은 주인 부부의 사진이 겹쳤다. 민망한 듯 돌아서는 그와 주인을 향해 나는 "돈은 내가 줄 테니 이 사람에게 밥을 주소." 하고 나서게 되었다.

내가 주문한 것과 똑같은 조림을 주문하니 그는 걸인에서 손님으로 신분이 격상되었다. 굶은 사람의 허기를 채우기에는 식당 밥 한 공기가 부족할 것은 뻔한 일이라 생각되어 추가 공기 밥까지 주문했다. 배고픈 사람의 간청을 단칼에 잘라버리고 몰아내는 인정머리 없는 주인 폼새로 보아 그런 배려를 기대하기 어려워서였다. 나는 주방 쪽을 보고 앉아 뒤 쪽에 앉은 그를 등지고 있어 서로 민망함은 피했지만 그 후 정적이 흘렀다. 주방에서 음식 만드는 소리 외엔 네 사람이 그 후 조용해졌는데, 이 적막을 깨는 사건이 생겼다. 그것은 나의 주제넘음에서 비롯되었다. 적막 속에 나의 사색은 산 넘고 물 건너고 있었다. 이 사람은 아마도 나를 철없다고 하겠지. 그냥 나를 만원 주면 그 돈으로 시장을 보면 넉넉할 텐데, 하면서 식당 밥 사서 먹는 호사가 억울할 것 같은 생각에 머무르고 말았다. 참 서로 처지가 이렇게 다르지 싶어 돌아앉아 그에게 만원을 건넸다. 바로 바라본 그의 인상은 콧날이 오똑한 것이 젊어서는 공부도 한 듯 보였다. 그는 일어서서 내게 큰 절을 했다. 참으로 쑥스럽고 겸연쩍어 만류했지만 상황은 전개 됐고 앉은 채 얼떨결에 그 절을 받았다. 그는 나에게 '나이만 들었지 철이 없습니다.' 하고 또박또박 말했다. 다시 어색한 정적이 흐르고 편치 않은 식사를 마치고 홍천을 떠났다.

식당은 밥이 있고 밥장사는 배고픈 이에게 밥을 적선함이 마땅한 일이다는 게 내 생각이지만 식당을 운영하다보면 그런 일이 한 두 번이 아닐 수 있을 테니 어쩔 수 없는 일일지도 모른다. 아무튼 오늘 식당 주인이 받아야할 복을 내가 얻어 간다고 생각했다. 나를 돌이켜 보면 아직은 나도 철이 나지 않았으니 순간순간 후회 범벅으로 산다. 그래서 오늘도 이 길 위에 서 있지 않은가. 인천까지의 이 걸음은 한 일주일 더 걸릴 것이다. 스스로 왜 이 길을 걷느냐고 물으면 딱히 답을 할 수가 없다. 다만 걷고 싶고 국토를 아이들과 함께 꼭 걸어야 할 것 같다는 일념뿐이다. 아이들과 15년, 1만 여 명과 순례길에 있었으니 추억은 길고 많다. 꾸러기들의 애 먹인 기억보다 나에게 자식을 맡긴 부모의 기원과 사랑, 염려를 먹고 살았으니 아마 나만큼 행복한 사람도 없는 듯하다.

그러니 추억도 아름답다. 길목 길목 사연이 생각나면 눈물을 찍어낸다. 스스로 택한 고행의 길이 아닌가. 가라는 사람도 말리는 사람도 없다. 그만 둬도 된다. 그냥 나와의 약속을 소중히 하는 고집인가 아님 나이 먹음을 애써 부정하고 나의 건재한 존재감을 스스로 입증하려 하는가. 돌이켜보면 질곡의 삶에서 토해내고 싶은 한이 가슴에 남아 걸음걸음 뿌리고 있는지 모른다.

홍천에서 밥을 구걸하던 그의 세상살이의 고단함이 오죽했을까, 그 심정을 이해하고 느껴보려 애써 봐도 역시 겉돌기일 것이다. 그에게서 내가 무슨 큰절 받을 사람일까. 자각에 자각을 더 하고 몸을 스스로 아프게 하고 오늘을 사는 내가 조금이나마 부끄러움을 덜어내는 자신이 되길 바라볼 뿐이다.

- 2018. 10. 17.

황구 이야기

이 영 도

내가 사는 곳은 경기도 양평 북한강가 언덕이다. 처음 와 보는 사람들은 경관을 보고 경이로운 찬사를 한다. 너무 멋진 곳에 산다고. 나는 두해 여름 겨울을 보내며 아름다운 경관보다 추위에 시달리고 운무와 눈, 비, 바람에 겪은 애환이 더 많다. 이곳에 터 잡은 이유가 말 3마리 개 2마리가 식구인데 말과 같이 살 터전이 마땅치 않아 이곳에 온 것이다. 나를 포함 6식구 중 식구 아닌 식구 황구 이야기를 하려 한다. 우린 하남시 고골이라는 남한산성 기슭에 10여 년 살았다. 그린벨트라 하여 제약이 너무 많아 그곳을 떠나 이곳으로 온 것이다.

그곳에 살 때 우리 목장 건너 산기슭에 살던 어린 진돗개 황구가 집을 나왔다. 주인은 황구를 잡기 위해 혈안이 되었다. 닭과 개를 키워 생계 수단으로 삼았으니 자기 재산임은 당연했다. 이 황구는 산으로도 가지 않고 마을 주변을 돌면서 이 집 저 집 개밥통에 개밥을 얻어먹으며 살았다. 어느 날 개 주인은 술이 거나하게 취해 여러 사람이 있는 식당 앞에서 황구를 보며 최후통첩을 했다. “이젠 난 저 개를 포기했소. 그러니 누구라도 잡아서 잡수소.” 공장지대 개고기 좋아하는 사람은 황구 사냥에 혈안이 되었으나 황구의 재빠름과 영리함 때문에 어떤 누구도 그 뜻을 이루지 못했다. 심지어 마을에서 동물구조협회에 신고하여 잡으려 했지만 협회 측 사람들도 이런 개는 처음 본다며 포기하고 돌아갔다. 이런 황구와 마을 사람은 달리 방법이 없어 자연스럽게 공존하며 살았다. 식당에서 먹을 것을 내주면 얻어먹기는 하지만 곁을 내주는 어리석음은 결코 범하지 않았다.

이 황구는 유기견도 아니고 주인이 없지 않았지만 대 자유견이 되어 살았다. 황구는 내 목장에도 손님이었다. 서너 마리 개밥통을 돌아가며 또 눈치 보며 조금씩 얻어먹는 게 딱해 고기도 사료도 나누어주었다. 좋다고 꼬리를 흔들지만 3미터 이상 접근은 없었다. 나는 그런 처지의 황구를 인정하고 먹이통을 따로 마련해서 식구처럼 먹이를 주었다. 이런 나와의 공존을 깨버린 것은 황구였다. 암컷 리트리버에게 교미하여 잡종 레트리버 황구를 11마리를 낳았다. 난 이 새끼를 모두 살리기 위해 젖 자리를 돌아보고 오랜 기간 고생을 하며 새끼를 모두 키워내 이웃들에게 사정사정하며 모두 분양을 하고 나니 황구가 미워졌지만 그 녀석의 본능이거니 하며 관용하였다. 내가 하남을 떠날 때에 마지막 이삿짐 개집과 개를 차에 실었다. 이때 놀랍게도 빠삐용 황구가 차 위에 올라탔다. 자기도 데려가 달란다. 그 참 이 녀석이 차 위에 오르다니, 그래서 황구는 이곳에 와서 2년째 같이 산다. 산에 가서 고라니도 잡고 너구리도 잡아 암컷에게 나누어주기도 하고 묻어놓고 혼자 먹기도 한다.

지난해 고구마를 심었더니 이게 문제가 되었다. 불청객이 찾아왔다. 산돼지 8마리다. 엄마돼지, 아빠 돼지에 새끼 돼지 6마리……. 나는 수확을 포기했다. 돼지 눈에는 그 고구마가 제 걸로 보일 테니

'그래 너 가져.'라며 아침마다 물주고 가꾼 내 정성을 산돼지에게 베풀었다. 가을까지 다 파먹은 것까지 좋았는데, 지독히도 추운 겨울 새벽에 산돼지 가족이 매일 밤 방문했다. 황구가 선두에서 짖어대니 나는 잠에서 깬다. 우리 집 개들이 "주인님, 산돼지 왔어요! 무서워요."라 하는 말로 들린다. 영하 20도 강바람 추위는 사람을 얼게 해도 플래시를 들고 나가 개편을 들어준다. 우린 식구니까. 식당에서 남긴 음식을 주워 담으면 의아해하는 주인에게 난 이렇게 말한다.

"우리 개들은 말을 해요. 내가 빈손으로 가면 화를 내며 주인님만 먹고 와서 냄새 풍겨요, 우리 생각 안 해요? 이런답니다."

오늘 밤늦게 돌아온 내게 황구는 공중제비를 돈다. 내 곁에 한 번도 오지 않았으면서……. 나는 그런 황구를 보면 그는 묶여있기를 거부했고, 보신탕집 운명을 뛰어넘으며 그렇다고 산속에 가지도 않으면서 사람 곁에서 자기 생각을 가지고 산다. 몇 해 전 미국에서 도살장으로 실려 가던 돼지가 탈출을 하여 끝없이 도망가던 모습이 세상에 알려졌다. 그 돼지는 자유를 만끽하며 생을 누리는 인간의 잘난 배려를 받았다.

황구를 볼 때마다 저 녀석은 나를 닮았구나. 자기의 운명을 뛰어넘고, 자기 세계를 만들고, 타협치 않고, 자기 본능에 충실한 자유의 개 황구. 그러고 보니 황구가 내게 주는 선물이 있었다. 밥값으로 쥐를 잡아 내 앞에 두는 것. 어디 그 뿐인가? 지금도 멀리 뛰어가는 황구의 늠름함에서 무한한 힘이 날아와 내 팔뚝의 근육을 꿈틀대게 하고 있는 것, 경이로운 선물이다.

- 2018. 9. 7.

이 도서의 국립중앙도서관 출판예정도서목록(CIP)은 서지정보유통지원시스템 홈페이지(http://seoji.nl.go.kr)와 국가자료공동목록시스템(http://www.nl.go.kr/kolisnet)에서 이용하실 수 있습니다.

(CIP제어번호 : CIP2019001557)

2018년 여울문학회 엔솔로지 20집

외숙모의 누름돌

초판인쇄일 2019년 1월 28일
초판발행일 2019년 2월 1일

지은이 : 장영교 · 신수희 外
펴낸곳 : 여울문학회

출판사 : 도서출판 문학공원
펴낸이 : 김순진
편집장 : 전하라
디자인 : 김초롱
등 록 : 2004년 3월 9일 제6-706호
주 소 : (우편번호 03382)서울 은평구 통일로 633
녹번오피스텔 501호 스토리문학사
전 화 : 02-2234-1666
팩 스 : 02-2236-1666
홈페이지 : http://cafe.daum.net/yob51
이메일 : 4615562@hanmail.net

© 2019 여울문학회
* 책값은 뒤표지에 있습니다.
* 저자와의 협의에 의해 인지는 생략합니다.